KB185446

행복과 배움으로 채우는
초등학교 교실

너와 내가
함께
반짝이는
별빛교실

반짝이는 마음으로 피워 내는 열두 달

행복과 배움으로 채우는
초등학교 교실

너와 내가
함께
반짝이는
별빛교실

엄주란 지음

한그루

프롤로그

'올해도 아름답게 마무리했구나.'

1년을 마무리하는 수료식 날, 학생들이 하교한 뒤 텅 빈 교실을 보며 드는 생각입니다. 해마다 새로운 아이들을 만나 수많은 일들을 겪게 되지만 1년을 마무리하는 날 한 해를 돌아보며 미소짓게 되는 걸 보면 결국 '선생님 하기 참 잘했다.' 하는 생각이 듭니다.

첫 발령 나기 전의 설렘을 기억합니다. 장래희망이 무엇인지 물어볼 때마다 늘 선생님이라 대답하던 저는 첫 학생들을 만나는 게 무척 기대되었습니다. 발령이 나기 전, 기간제 교사 경험을 갖기는 했지만 1년을 함께할 학생들을 만나는 것은 또 다른 설렘이었습니다. 걱정보다는 우리 반을 만든다는 기대를 안고 도서관에 가서 교육과 관련된 책들을 찾아보기 시작했습니다. 책 속에는 선배 선생님들의 반짝이는 아이디어들이 참 많았습니다. 신나게 읽으면서 우리 반에서 하고 싶은 것들을 차근차근 메모하고 교실에 여러 시도를 했었습니다. 물론 그중에는 지금까지도 우리 반에 녹아있는 것들도 있고 잘 맞지 않아 시행착오를 겪었던 방법들도 있지만 별 빛교실을 꾸리는 과정 속에서 해마다 학급운영 방법을 다양하게 찾아보고 적용해 보는 것은 분명 많은 도움이 되었습니다. 중요한 것은 일단 해보는 것이었습니다. 처음부터 완벽한 우리 반을 만들어보겠다는 것을 목표로 하기보다는 이것저것 하고 싶었던 것들을 적용해보며 실패하고 성공했던 순간들이 지금의 별빛교실로 나아갈 수 있게 했습니다.

학급 경영에 정답은 없다고 생각합니다. 선생님들이 학급에 적용하는 모든 것들이 선생님만의 학급 경영 방법이 됩니다. 다만 아무것도 모를 때 선배 선생님들의 책과 이야기 속에서 저에게 맞는 방법을 찾아가고 교실에 녹였던 것처럼 이 글이 새롭게 교직에 들어오는 선생님들이 자신만의 학급을 만드는 데 작은 도움이 되면 좋겠습니다.

반짝이는 아이들을 위해 고민하는 모든 선생님들을 마음 깊이 응원합니다.

2024년 봄,
별빛교실 속에서 **엄주란**

목차

1장
별빛교실의
시작

우리 반의 특별한 이름 짓기

'우리 반 이름은 뭘로 할까?'

발령이 나기 전, 설레는 마음으로 학급 이름부터 고민했습니다. 단순히 ○학년 ○반이 아닌 우리 반만의 특별함을 갖고 싶은 마음이었습니다. 여러 학급 이름들을 살펴보고 어떤 장소에 가든, 어떤 물건을 보든 학급의 이름을 상상하고 고민했습니다. 잠들기 전까지 이불 속에서 예쁜 단어들을 나열해보며 학급 이름을 고민했던 시간이었습니다. 게임 캐릭터 이름을 정하는 데도 시간이 오래 걸리는데 교직 생활을 하는 내내 함께하게 될 학급 이름을 정한다는 것이 쉽지 않았습니다. 예쁜 단어들을 메모해두고 그럴듯한 의미를 끼워 맞추다가 문득 '예쁜 단어에 의미만 더하는 것이 의미가 있나?' 하는 생각이 들었습니다. 후보로 정해놨던 단어들을 뒤로하고 내가 만들고 싶은 학급을 떠올려봤습니다.

먼저 우리 반에서 중요하게 여길 것들을 종이에 쭉 적어보기 시작했습니다. 행복, 예의, 우정, 학습, 성실 등 여러 가지 가치들을 적어보고 제가 가장 중요하다고 생각하는 것에 표시를 해봤습니다. 최종적으로 결정한 단어는 행복과 배움이었습니다. 선택은 어렵지 않았습니다. 첫 번째, 학생들은 학교에서 행복해야 합니다. 하루의 대부분을 보내는 학교생활이 행복해야 하루가 즐겁고 나아가 학생들의 삶이 행복해질 수 있다고 생각했습니다. 모든 학생들이 교실 속에서 행복했으면 했습니다. 두 번째, 학교는 교육 기관입니다. 교실 속에서는 배움이 있어야 합니다. 행복해야 하는 공간이기에 아이들이 좋아하는 것만 하는 것이 아니라 학습, 생활 등 다양한 부분에 있어서 배움이 일어나야 합니다. 학교는 배움을 통해 성장하는 곳이어야 한다고 생각했습니다. 즐겁고 행복한 학교생활을 하면서 배움이 일어나는 곳. 행복과 배움을 넣어 '행복배움터'라는 이름을 정하고 신규 교사로 학생들과 처음 만난 날 '행복하고 배움이 가득한 터(공간)'라는 뜻으로 학생들에게 학급 소개를 했습니다.

3년 차쯤 됐을 때 교실에서 학생들을 바라보는데 문득 한 명 한 명 모두 빛이 난다는 생각이 들었습니다. 눈을 반짝이며 저를 바라보는데 귀하지 않은 학생들이 없었습니다. 이렇게 빛나는 학생들의 학교생활이 더욱 행복했으면 좋겠고 반짝이는 순간들이 모여 우리 반을 떠나더라도 훗날 지금의 작은 조각들이 힘이 되었으면 했습니다. 이런 마음을 모아 생겨난 학급 이름이 지금의 별빛교실입니다. 별처럼 빛나는 학생들의 매일이 반짝이길 바라는 마음이었습니다.

우리 교실에서 성취의 순간을 느끼고 함께하는 즐거움을 경험하며 여러 가지 배움이 일어나는 반짝이는 순간들이 많아졌으면 좋겠습니다. 이런 순간들이 아이들의 기억과 마음에 쌓여 행복을 자주 느끼고 자신의 삶을 사랑할 줄 아는 사람이 되었으면 합니다.

수많은 별들 사이에 우리의 귀한 만남이 있다며 학생들에게 별빛교실을 설명하고는 합니다. 별빛교실을 이름으로 정하니 곳곳에 별을 넣는데 참 재미있습니다. 우리 반에는 여기저기 별들이 가득합니다. 주제 글쓰기는 별별이야기, 학급 도서부는 별빛도서부, 학급 책방은 별별책방 등 우리 반 특색 활동 이름에는 별이 들어갑니다. 학생들은 어디서든 별을 보면 우리 반이 생각난다고 합니다. 학급의 로고를 만들 때도 별은 꼭 넣고 작품을 만들 때도 별을 넣어 "선생님! 우리는 별빛교실이니까 별로 꾸몄어요!"라고 말합니다. 특정한 색을 고르는 순간이 있을 때면 우리 반은 별빛교실이니까 노란색을 선택했다고 합니다. 별빛교실 100일이라며 학생들이 아침 일찍 등교해서 서프라이즈로 꾸민 교실에 문을 열고 들어서다 깜짝 놀랐던 적이 있습니다. 별빛교실이기에 특별히 별 풍선으로 골랐다고 합니다. 별빛교실이라는 이름은 학생들이 생활하는 곳곳에서 우리 반을 떠올리게 되는 매개체가 됩니다.

학급 이름은 장점이 많습니다. 별빛교실 속에서 학생들은 별빛교실이라는 자부심과 소속감을 갖고 학교생활을 합니다. 우리 반과 선생님이 최고라는 생각을 하면서 학교생활을 하고 학급에서 하는 활동들을 자랑스럽게 여깁니다. 다른 학년, 심지어는 다른 학교지만 별빛교실에서 생활했던 학생들끼리 별빛교실에 대해 이야기를 나누고 형제자매 중에 별빛교실 속에서 지냈던 학생이 있다면 새 학년을 한껏 기대하며 등교하기도 합니다. 우리 반의 특별한 이름은 학생들이 자신의 학급에 애정을 갖게 되는 이유가 됩니다.

신규 교사라면 발령 나기 전에 우리 반에서 중요하게 여기고 싶은 가치들을 적어보며 자신의 교육관을 고민하는 시간을 갖고 선택한 가치를 담을 수 있는 단어를 떠올려보며 학급의 이름을 정하는 것을 추천드립니다.

별빛교실 학생들

◆

"선생님 반은 어떻게 아이들 자세가 그렇게 좋아요?"

"1학년 교실 맞아요? 선생님 교실 지나갈 때마다 아이들 수업하는 태도 보고 감탄해요."

"어떻게 선생님이 없을 때도 학생들이 알아서 자기 할 일을 해요?"

감사하게도 해마다 동료 선생님들에게 학급 경영에 대해 감탄 섞인 질문을 받습니다. 별빛교실 속 학생들의 모습은 늘 저의 자랑이 됩니다. 새 학기가 지나면 학생들의 모습에서 제가 꾸리고 싶어 하는 학급의 색이 묻어나오기 시작하고 학급의 분위기에 맞게 학생들의 모습도 점차 변합니다. 별빛교실 학생들의 모습은 다음과 같습니다.

01

자신의 일을 스스로 해요

교사가 자리에 없어도 자신의 할 일을 스스로 하고 문제 상황을 해결할 줄 아는 힘을 길러주려고 합니다. 자신이 해야 할 일을 파악하고 스스로 해낼 수 있는 능력은 학생들이 삶을 대하는 태도와도 연결됩니다.

갑작스럽게 학교를 출근하지 못한 날이 있었습니다. 보결로 들어와 주시는 선생님들을 위한 자료들을 미처 준비하지 못해서 걱정이었는데 나중에 학교에서 보결로 들어왔던 선생님의 말에 한참을 웃었습니다. 사회 수업이었는데 학생들이 전날에 "내일은 단원 마무리라서 문제 사냥하는 날이야~" 했던 말을 기억하고는 "선생님~ 저희 오늘 단원 마무리라서 문제 사냥하는 날이라고 하셨어요. 한 사람당 종이 2장 주시면 문제 사냥할 수 있어요."라며 선생님에게 타이머로 시간 맞추기를 부탁드린 후 학생들끼리 수업을 자연스럽게 진행했다고 합니다. 수업이 끝난 뒤에는 청소를 하고 마음 글쓰기까지 써서 제출한 뒤 선생님에게 인사를 하고 하교하는 학생들의 모습에 정말 감탄했다는 말이었습니다. 학생들의 환호를 받으며 학교에 출근한 날, 하나씩 살펴보니 국어 시간에는 보결로 들어온 선생님에게 부탁해서 컴퓨터실에 이동해서 발표 자료를 마무리하고 모든 학생들이 마음 글쓰기를 써서 제출하는 등 학급에서 하는 일과를 알아서 척척 했던 모습을 그릴 수 있었습니다.

초등학교에서 교육의 효과는 장기적으로 천천히 나타나지만 학생들의 성장이 가시적으로 보이는 순간이 있습니다. 감동스러우면서도 교사로서 큰 보람을 느꼈습니다. 가끔 쉬는 시간에 회의를 하고 급하게 교실에 가서 문을 열어보면 모든 학생들이 다음 수업 교과서를 펼치고 바른 자세로 저를 기다리고 있습니다. 청소 시간에는 교사가 말하지 않아도 교실 구석까지 깨끗하게 청소하고, 친구와 갈등이 생기면 먼저 서로 대화를 나눠보고 해결이 되지 않은 경우에는 교사의 도움을 요청합니다. 수업 시간에 마무리하지 못한 과제가 있다면 교사가 말하지 않아도 쉬는 시간, 방과 후 시간까지 남아 끝내 자신의 일을 마무리하고 하교합니다.

교실 자동화가 되었기에 가능한 일이었습니다. 예를 들어 우리 반에서 수업을 준비할 때는 교사에게 물어보는 것이 아니라 시간표와 칠판을 봅니다. 칠판 담당이 다음 교시 교과서 쪽수를 적어놓고 교사는 공부할 문제와 준비물을 작성합니다. 수업 시작 1분 전에는 모든 학생이 자리에 착석하고 교사를 바라봅니다. 급식실에 갈 때는 매일 번호를 바꿔 가며 줄을 섭니다. 학생들 스스로 자신의 차례를 알고 있고 이동 회장이 줄을 바르게 세웁니다. 청소 시간에는 알아서 청소 바구니를 꺼내 빗자루를 친구들과 나누고 먼지를 쓸었다면 물티슈로 자리 주변을 닦습니다. 청소가 끝나면 자연스럽게 마음 글쓰기를 펼치고 하루를 마무리하는 글을 작성합니다. 이와 같은 규칙적인 하루를 행하는 과정에서 교사의 개입은 거의 이루어지지 않습니다. 학생들은 스스로 자신의 모습을 점검하고 친구들과 서로 돕는 분위기를 형성합니다.

교실 자동화를 위해서는 두 가지가 중요합니다. 첫 번째는 칭찬과 반복 지도입니다. 학생들의 행동 변화를 이끌어 내는 가장 큰 동기는 칭찬임을 수많은 순간에서 느꼈습니다. 처음 만났을 때부터 수료를 할 때까지 칭찬을 많이 하는 편입니다. 우리 반 학생들이 성장했으면 하는 부분을 놓치지 않고 의도적으로 칭찬하고 있습니다.

교실 자동화와 관련해서는 수업 시간에 시간이 부족했지만 쉬는 시간에 끝내 마무리한 학생, 학급의 일을 솔선수범한 학생들을 꼭 칭찬합니다. 자신의 일에 책임감을 갖고 미루지 않는 습관을 형성하고 학급의 일을 우리의 일로 생각할 수 있도록 학생들을 꼼꼼하게 관찰하며 격려합니다. 개인적으로 칭찬을 하기도 하지만 우리 반 모두가 모인 앞에서 칭찬하며 친구들의 박수와 환호를 받도록 유도할 때가 많습니다. 칭찬을 받은 학생들은 쑥스러워하면서도 스스로에게 박수치며 환하게 웃습니다. 이런 기억과 경험들은 일상 속에서 학급의 일을 살피고 주어진 일은 끝까지 마무리 하려고 노력하는 습관을 만드는 데 도움을 줍니다. 자신의 행동에 자부심을 느끼고 앞으로의 태도를 선택하는 데 길잡이가 될 수 있습니다. 칭찬을 받는 친구의 모습을 보면서 동기부여가 되기도 합니다.

학년 초에는 이렇게 의도적으로 칭찬하며 행동의 변화를 이끌어내지만 학년 말에는 학생들의 모습에 감탄하는 것을 넘어 감동스러운 순간들이 생깁니다. 학생들도 처음에는 "선생님~ 저 이거 마무리하고 가려고 방과후 학교 끝나고 바로 왔어요!", "수업 준비하고 짝꿍 수업 준비도 제가 도와줬어요!", "선생님, 제가 친구 자리까지 청소했어요!" 등 교사의 칭찬을 기대하며 행동하는 경우가 없지 않아 있습니다. 하지만 이러한 행동들이 반복되면 신기하게도 어느새 교사가 없어도 해야 할 일들을 스스로 하고 학급의 일을 솔선수범하는 등 긍정적인 방향으로 행동이 변합니다. 교사가 보지 않아도 일상 속에서 바르게 행동하는 순간들이 모여서 스스로의 자부심이 됩니다. 중요한 것은 아무도 보지 않아도 내가 나의 행동을 알아준다는 것을 마음에 새기는 것입니다.

교실 자동화를 위한 두 번째 조건은 학급의 루틴이 정해져 있어야 한다는 점입니다. 아침 활동 시간부터 수업 시간, 쉬는 시간, 하교 시간까지 규칙적으로 이루어지는 학급 일과를 구체적으로 정하고 꾸준히 지도해야 합니다. 예를 들어 아침 시간이라면 요일마다 어떤 아침 활동을 해야 하는지, 아침 활동 중에 줄넘기를 하는 시간이 있다면 몇 분에 어디에서 시작하고 몇 분까지 하는지, 우유를 마시고 줄넘기를 하는 건지, 등교 시간이 늦은 학생들은 줄넘기를 하러 체육관에 오는지, 아니면 교실에서 대기하는지 등 작은 부분까지 정해져 있어야 합니다. 학급의 루틴은 개학하기 전에 미리 정해두는 것을 추천드립니다.

학생들의 질문에 막힘 없이 대답할 수 있을 정도로 세심한 부분까지 학급 루틴이 확실하게 정해지고 습관화되면 교사의 안내 없이도 학생들은 하루를 보내며 매 시간마다 자신이 무엇을 해야 하는지 스스로 인지하고 행동할 수 있습니다.

(02)

인사를 잘해요

인사를 주고받는 일은 좋은 에너지를 줍니다. 눈을 마주치고 웃으며 건네는 인사로 기분이 화사해지기도 하고 처음 만나는 사람에게는 좋은 인상을 남겨줄 수 있습니다. 하지만 인사를 잘하는 학생은 물론 인사를 하는 학생들을 점점 보기 어렵습니다. 복도에서 학생들을 마주치면 자주 보는 옆 반 선생님이라도 쌩하고 지나가버리는 학생들이 대부분이고 일부러 눈을 피하다가 교사가 인사를 건네면 그제서야 작은 목소리로 인사하며 후다닥 지나가는 학생들도 많습니다. 종이를 빌려 달라는 학생의 말에 종이를 건넸다가 한 손으로 휙 가져가서 종이에 베인 적도 있습니다. 사과나 감사의 인사를 하지 않는 것은 자연스러운 일이 되었습니다. 실수로 친구의 몸을 쳤을 때도 슬쩍 보다가 친구가 화를 내야 "미안!" 하며 가볍게 한 마디 툭 내뱉고는 가버립니다. 마음이 상한 상대방은 화를 내고 본인이 사과를 했다고 생각한 학생은 사과했는데 왜 화를 내냐며 싸움으로 이어집니다.

교실에서 인사하는 방법을 의도적으로 연습시키고 있습니다. 학교 내에서 어른을 만날 때 예의 바르게 인사하기, 고맙다는 표현하기, 사과하기 등 상황별로 인사하는 연습을 하고 생활 속에서도 꾸준히 지도합니다. 개학 주간에는 인사하는 방법에 대해서만 따로 시간을 잡아 지도합니다. 학급에서 자주 일어나는 상황들을 몇 가지 정해서 바르게 인사하는 방법에 대해 지도하고 학생들은 짝꿍과 함께 실제로 말을 해보면서 연습합니다.

교육은 학생들의 삶으로 이어져야 합니다. 교사가 무엇인가를 줄 때 물건을 한 손으로 휙 가져가려고 하면 계속 눈빛을 건네며 학생들이 두 손으로 "감사합니다." 하고 인사하도록 연습합니다. 학생들 중 한 명이 청소 후 바구니를 정리하는 모습이 보이면 그 순간 바로 "애들아, ○○가 우리 반 청소 바구니를 스스로 정리하고 있어. ○○ 덕분에 우리 청소 바구니가 정돈됐네~ 정말 고마워!" 하고 말하며 학생들도 친구에게 "고마워!" 하고 인사하도록 합니다. 이후에는 많은 학생들이 비슷한 상황에서 너도 나도 할 것 없이 고마움을 표현하며 같이 정리하는 모습을 보입니다. 저 또한 일상 속에서 학생들에게 "○○야 고마워~" 하고 자주 말하며 학생들의 귀에 고마움의 인사 표현이 자연스러워지도록 돕습니다. 3월에 인사를 반복적으로 연습하면 4월부터는 가정통신문을 나누어줄 때도 "감사합니다!", 한 학생이 우리 반 문을 닫아줄 때도 "고마워!" 하고 단체로 인사하는 모습이 자연스러워집니다. 심지어 학생에게 심부름을 부탁하는데 물건을 받으면서도 "감사합니다." 하고 인사해서 "이건 선생님이 고마운건데~?" 하며 서로 키득키득 웃는 일들도 해마다 생깁니다.

학교 내에서 어른들을 마주칠 때도 꼭 인사를 하도록 지도합니다. 인사는 서로를 존중한다는 표현이고 짧은 말로 좋은 인상을 남겨줄 수 있는 마

너와 내가 함께 반짝이는 별빛교실

법 같은 말임을 알게 합니다. 복도에서 학생들과 같이 걸어가는데 다른 선생님이 보이면 먼저 "안녕하세요." 하고 인사하는 모습을 보이고 "얘들아, 선생님 지나가셔~" 하며 같이 인사합니다. 교사가 말하지 않아도 큰 목소리로 예의 바르게 인사를 하는 학생들이 보일 때면 눈을 마주치고는 꼭 엄지를 올려줍니다. 주변 선생님이 인사를 잘하는 우리 반을 칭찬할 때면 칭찬을 전달하며 "우리반 최고!"를 말합니다. 칭찬을 받은 기억은 학생들의 마음에 쌓여 행동으로 이어지게 됩니다. 삭막하던 학년 초와 달리 친구에게, 웃어른께 자연스럽게 인사를 주고받는 모습이 참 좋습니다. 반가움과 고마운 마음을 표현할 줄 알고 미안한 일이 생기면 진심을 담아 사과를 할 수 있는 학생이 되었으면 좋겠습니다.

ⓞ³

수업 시간에는 바른 자세로 참여해요

별빛교실 속 학생들은 모두가 바른 자세로 수업에 참여하려고 노력합니다. 수업 시작 1분 전에는 수업 준비를 완료하고 교사를 바라보고 있고 수업 시간에는 바른 자세로 앉습니다. 교사가 말을 할 때나 친구가 발표할 때는 발표하는 친구를 향해 몸을 돌리고 시선을 마주칩니다. 바른 자세가 어려운 학생들은 짝꿍이나 모둠 친구들이 속삭이며 도와줍니다. 수업 시간에 주어진 과제를 해결하는 속도가 다른데 먼저 다 한 학생들은 손을 무릎에 두고 바른 자세로 교사를 바라보며 다른 친구들이 마무리할 때까지 기다립니다. 모둠 활동 시에도 마찬가지입니다. 활동을 먼저 끝낸 모둠도 바른 자세로 교사를 바라봅니다. 활동이 끝나면 모든 학생들이 교사를 바라보고 교사는 다음 활동 안내를 차분한 분위기 속에서 설명합니다.

사실 개학 날에는 기본적인 학습 태도가 바르게 형성되지 않은 학생들 부터 눈에 보입니다. 교사가 말을 하고 있을 때 끊임없이 책상 위의 물건을 만지는 학생, 뒤에 앉은 친구와 이야기하는 학생 등 많은 학생들이 경청하는 것과 바른 자세로 앉아 있는 것을 힘들어합니다. 그래서 학년 초에는 바른 자세의 장점에 대해 이야기를 나눕니다. 학생들은 서로의 생각을 발표하고 교사도 바른 자세를 해야 하는 이유에 대해 구체적으로 설명해주면 좋습니다. 바른 자세로 앉지 않았을 경우에 나타나는 신체적 변화에 대해서 알게 합니다. 바른 자세는 수업 태도와 직결된다는 점도 설명합니다. 학생들은 자신이 어떤 태도로 수업에 참여해야 하는지에 대해 고민하는 시간을 갖습니다. 바른 자세의 중요성을 이해했다면 교사는 바른 자세가 무엇인지 시범을 보이고 학생들은 교사를 따라 바르게 앉는 연습을 합니다.

개인 칭찬과 학급 보상을 연결 지어 지도하면 변화의 속도가 빠릅니다. 수업 시간에 바른 자세로 참여하거나 경청하는 태도가 좋은 학생들에게 즉시 칭찬의 말을 하며 모둠 보상을 올려줍니다. 모둠 보상은 이후에 더 자세하게 설명할 예정이지만 모둠 보상이 학급 보상으로 연결되기 때문에 자신뿐만 아니라 옆 친구나 모둠 친구들의 자세를 바르게 하도록 서로 돕는 분위기가 형성됩니다.

수업에 바른 자세로 참여하니 자연스럽게 수업 집중도가 높아집니다. 교사의 안내 사항을 주의 깊게 들은 이후에 활동을 시작해서 활동하는 데 어려움도 줄어듭니다. 교사의 말에 집중하지 않으면 방금 안내했던 사항을 바로 되묻는 경우도 잦고 자세가 바르지 않은 학생을 지도하면서 수업 흐름이 끊기는 일이 생깁니다. 하지만 모든 학생들이 바른 자세로 경청하며 수업에만 집중할 수 있는 환경이 만들어지니 수업 집중도뿐만 아니라 수업 참여도도 높아집니다. 학생들의 바른 자세는 교사가 수업을 하기 좋은 분위기를 형성하고 학생들에게는 수업 받기에 좋은 분위기를 만들어 줍니다.

(04)

친절하게 대화해요

갈등이 생기는 경우를 살펴보면 대체로 말투에서 비롯되는 경우가 많습니다. 자기중심적으로 사고하고 자신의 감정을 우선으로 생각하는 태도는 말투로 표현됩니다. 실수한 친구들에게 신경질적으로 말하거나 부탁하는 일임에도 명령형으로 말하는 경우처럼 상대방의 마음을 생각하지 않고 말을 해서 서로 마음이 상하는 일이 생깁니다.

서로의 생각이 다를 수 있지만 상대방이 나와 다르다고 비난하는 식으로 말하는 것과 친절하게 대화를 시도하는 것은 큰 차이가 있습니다. 생각이 다른 것을 짚는다고 친절하지 않은 것이 아니라 친절한 말투로 기분 좋게 대화할 수 있음에 대해 설명하며 대화할 때의 말투를 강조합니다.

친절한 말투는 서로 웃으며 대화할 수 있는 열쇠가 되고 다정함은 서로에게 좋은 영향을 줍니다. 내 감정만 소중한 것이 아니라 상대방의 마음도 생각하는 것이 중요함을 지도합니다. 친구에게 명령형으로 말하거나 무례하게 말하는 소리가 들릴 때는 즉시 상황을 중지시키고 지도합니다. 말은 습관이 되고 습관은 그 사람을 만든다는 이야기를 해주고는 합니다. 소중한 우리에게 다정한 말을 건네자며 학생들과 종종 하는 말이 있습니다.

"나는 소중해. 딱 너만큼!"

별빛교실 선생님

01
단호하지만 다정해요

첫인상으로 '무서운 선생님'이 꽤 나올 정도로 전체 학생 앞에서는 단호하고 엄격한 선생님입니다. 단호하고 엄격하다는 것은 학생들에게 소리를 지른다거나 늘 화가 난 표정으로 생활을 한다는 것이 아닙니다. 단호한 선생님이라는 것은 학급을 일관성 있게 운영한다는 의미입니다.

학급에 문제가 생겼을 때 합리적으로 해결하고 학생들이 바르지 않은 행동을 했을 때는 스스로를 돌아보고 교정할 수 있도록 도움을 줍니다. 학생들과 교사 사이에 분명하게 선이 있고 올바른 권위를 가지는 것은 무척 중요합니다. 교사의 권위를 올바르게 세우면 학생들이 학급의 규칙을 잘 지키고 예의 바르게 행동합니다. 엄격하면서도 합리적인 교사 앞에서 학생들은 자신의 행동을 점검하고 조심하며 생활합니다.

의외이지만 학생들은 단호하고 엄격한 교사 아래에서 안정감을 느낍니다. 2년 차 때 학교에서 기피 학년을 맡았던 경험이 있습니다. 바닥에 누워 소리를 지르는 학생들이 늘 보이던 학년이었습니다. 업무부장님이 소리 지르는 학생을 안아서 교실 밖으로 이동시키는 모습을 몇 번 봤던 터라 그 학년을 배정받았을 때 정말 많은 걱정을 했습니다. 학생들을 맡다가 몸이 힘들어질 때를 대비해서 학급에 일어난 모든 일들을 기록하는 공책을 만들어둘 정도였습니다. 보통 행동에 어려움이 있는 어린이들이 한 학급에 3~4명 정도 있다고 하면 제가 맡았던 학년에서는 그 정도의 학생 수를 뺀 나머지 학생들이 모두 행동에 어려움이 있는 학생들이었습니다. 기본적인 학습 태도가 잡힐 때까지 시간이 꽤 걸렸고 수많은 일들이 발생하기는 했지만 점차 학급 분위기가 잡히기 시작했습니다. 그러다 한 어머니에게 "선생님, 우리 아이가 수업을 조용히 들을 수 있어서 좋다고 말하더라구요. 정말 감사합니다."라는 인사를 들었습니다. 조용하고 정돈된 학급에서 수업을 받고 싶었던 학생들의 마음을 알게 된 순간이었습니다. 다른 해에는 "선생님 우리 아이는요, 우리 반에서는 공부를 열심히 할 수밖에 없어! 다 열심히 하거든~ 하고 말하더라구요."라는 말을 들으며 학부모와 같이 웃었던 기억이 납니다.

학급의 규칙을 정확하게 정하고 규칙을 벗어나 상대에게 피해를 주는 행동을 하면 엄격하게 훈육합니다. 교사의 지도 아래 우리 교실은 안전하고 서로 예의 있게 행동하는 반임을 압니다. 학생들은 학급 내에서 문제가 발생했을 때 선생님이 도와줄 것이라는 확신을 갖고 스스로 해결해보려고 노력하는 모습을 보입니다.

이렇게 학급 단체 앞에서는 단호한 모습을 보이지만 학생 개개인에게는 다정하게 대합니다. 학생들 개개인과 마주칠 때는 항상 먼저 말을 건넵니다. 일찍 등교한 학생들과 일상 대화를 하거나 주말 동안 머리를 하고 온 학생들에게 칭찬의 말을 건네는 등 단둘이 있는 상황에서는 짧은 대화라도 하려고 합니다. 급식 시간에 가까이 앉아 있는 학생들과도 간단한 대화를 하는데 무표정인 학생도 집에 가서는 오늘 선생님과 점심 먹어서 너무 좋았다고 자랑했다는 이야기를 학부모님께 자주 전해 듣습니다. 표정이 조금 좋지 않아 보이거나 고민이 있는 학생과도 꼭 대화하는 시간을 갖습니다.

학생들을 살피고 다정한 말투로 온기를 건네는 일은 단호하고 엄격하지만 무섭지는 않은 선생님이 되게 합니다. 학생들에게 보내는 마음은 눈에 보이지 않아도 눈빛으로, 말로, 행동으로 충분히 느끼는 것 같습니다. 선생님의 마음을 느끼는 학생들은 엄하게 훈육을 해도 선생님이 나를 위해 지도하고 있는 것을 알고 "선생님, 제가 죄송해요." 하고 먼저 다가옵니다. 학급 전체 앞에서는 단호하고 엄격하게, 개개인에게는 다정하게 대하는 것은 교사의 권위를 바르게 세우면서도 학생들이 언제든 편하게 다가올 수 있는 교사가 되게 합니다.

⟨02⟩
낮은 목소리로 말해요

"선생님~ 역시 고학년 선생님은 다르네요! 선생님의 차분한 목소리가 정말 멋졌어요! 저도 선생님처럼 차분하게 말하는 연습을 해보려구요~"
학교에서 자체 연수를 하고 난 뒤 저학년 선생님에게 들은 말입니다. 밝게 건네준 칭찬에 당황스러운 마음이 먼저 들었을 정도로 사실 원래 목소리는 높은 편입니다.

신규 교사 때 1학년 담임을 맡았습니다. 학급 경영에 대한 책들을 여러

권 읽었는데 혼을 낼 때는 엄격하게 해야 한다는 글이 공통적으로 나와 있었습니다. 엄격하게 혼내는 것이 표정을 무섭게 하고 목소리를 크게 하는 것이라고 생각하고 학년 초 아이들 분위기를 잡아야겠다는 다짐으로 무섭게 야단을 칠 때도 있었습니다. 학교생활을 처음 하는 1학년이다 보니 같은 말을 반복해서 이야기해야 하는 것들이 수두룩했고 혼을 낼 때는 목소리를 크게 하는 날이 되풀이됐습니다.

어느 순간, 목소리가 나오지 않았습니다. 병원에 가보니 성대 결절 직전이라며 당분간 말을 하지 말라는 의사 소견을 받았습니다. 목을 아끼려고 해도 1학년이라 말을 많이 할 수밖에 없어서 나오지 않는 목소리로 학생들에게 수업을 하고 지인들에게는 메모장에 글을 써서 보여주며 대답했던 기간이 무려 한 달간 지속되었습니다. 목소리가 나오지 않는 기간이 너무 길어져서 학교 외에는 목소리를 내지 않으려고 노력했습니다. 약을 복용하고 꿀물을 마시기도 하면서 목소리는 점점 나아졌지만 다음 해에도 3월에는 어김없이 목이 쉬었습니다. 너무 심한 경우에는 마이크를 사용하다가도 장기적인 해결책은 되지 않을 것 같아 고민하다 문득 '아, 내가 교실에서 목소리를 크게 내고 있구나.' 하는 생각이 들었습니다. 그때부터 학생들에게 안내 사항이 있거나 훈육할 때 목소리를 크게 내기보다는 낮은 목소리로 이야기하기 시작했습니다. 놀라운 일이 벌어졌습니다. 제 목소리가 커지는 순간 학생들의 목소리도 커지며 학급 전체의 목소리가 커졌던 반면 목소리를 낮게 내니 오히려 조용한 분위기가 형성되었습니다.

해마다 교실 속에서만큼은 교사의 낮은 목소리가 전달력이 높다는 것을 느끼고 있습니다. 목소리를 크게 하는 것보다는 낮은 목소리로 말을 건넬 때 학급의 분위기가 차분해졌고 감정을 섞지 않고 훈육을 할 수 있었습니다. 큰 목소리로 이야기하지 않고도 학급을 정돈시킬 수 있음을 깨닫고 학생들에게 하고 싶은 말이 생길 때면 여전히 낮은 목소리로 이야기를 하고 있습니다.

칭찬은 학생들의 행동 변화를 즉각적으로 이끌어 낼 수 있습니다.

"OO 글씨 쓰는 자세가 아주 바르네~"

교사의 한마디에 모든 학생들이 자세를 바꾸는 소리가 들립니다. 성인이 된 저도 칭찬을 받으면 기분이 좋은데 우리 아이들은 선생님의 칭찬을 정말 좋아합니다. 사랑하는 선생님의 칭찬은 학생들에게 큰 영향을 줍니다. 말 한마디로 행동이 변할 정도로 칭찬은 큰 힘을 갖고 있습니다. 학생에게 좋은 모습이 보이거나 이전보다 성장한 부분이 보일 때면 칭찬을 듬뿍 하고 있습니다. 칭찬을 하기 위해서는 학생들을 세심하게 관찰하는 눈이 필요합니다.

한 전문가가 칭찬은 구체적으로 해야 한다고 말하는 영상을 본 적이 있습니다. "너 정말 착하구나.", "공부를 잘하네!"라는 칭찬이 아이들에게 독이 될 수 있다는 내용이었습니다. 착하다는 칭찬을 들은 학생은 거절을 잘하지 못하는 사람으로 성장할 수 있고 공부를 잘한다는 칭찬을 받은 학생은 성적이 떨어졌을 때 자신의 가치를 저평가할 수 있다는 전문가의 말은 꽤 충격이었습니다. 자신이 하고 싶은 것을 양보할 때, 교실에 떨어져 있는 쓰레기를 주웠을 때 "OO는 정말 착하구나."라고 칭찬했던 제 모습이 떠올랐습니다. 영상을 본 이후부터는 칭찬을 할 때는 단순히 "너 정말 잘했구나."가 아닌 "글씨를 또박또박 쓰려고 노력했구나. 지난주에 쓴 글보다 글씨가 예뻐졌어!", "색칠할 때 다양한 색을 사용해서 그림이 풍성해졌네. 흰색 부분이 보이지 않을 정도로 꼼꼼하게 색칠했구나." 등 학생의 행동을 구체적으로 칭찬하고 있습니다. 학생들이 앞으로도 더욱 잘할 수 있는 동기가 되는 칭찬을 최대한 구체적으로 하면 이후에도 학생들이 자신이 어떤 부분에서 더 신경 써야 할지 알기 쉽고 좋은 행동을 습관화하려고 노력합니다.

04
안내는 구체적으로 해요

'이 정도는 알겠지?'

수업을 준비하다가도 종종 이런 생각이 들 때면 잠시 생각을 멈춥니다. 1학년 담임교사 때의 경험이 이 생각을 경계하는 데 많은 도움이 되었습니다. 1학년 담임교사를 처음 맡았을 때 가정통신문을 뒤로 넘기는 것을 지도해야 한다는 사실을 깨닫고 당황했던 적이 있습니다. 개학 날 마지막 교시에 학생들에게 가정통신문을 설명했습니다.

"이 종이는 가정통신문이에요. 학교에서 부모님에게 알릴 것들을 적은 종이라서 꼭 부모님에게 보여드려야 해요. 가정통신문은 선생님이 주는 투명 폴더에 넣으면 되고 지금 나눠줄 테니 받으면 뒤로 넘기세요."

1학년 학생들이니 가정통신문에 대해 설명을 해야겠다는 생각은 들었지만 가정통신문을 뒤로 넘기는 것이 문제가 될 것이라고는 생각조차 하지 못했습니다. 가정통신문을 맨 앞에 앉아 있는 학생들에게 주니 여러 장 갖고 넘기지 않는 학생, 몽땅 뒷자리 친구에게 준 학생, 받은 가정통신문을 친구에게 주지 않고 모두 투명 폴더에 넣어버린 학생, 가정통신문을 가방에 넣고 없어졌다고 말하는 학생 등 상상치도 못했던 모습이 교실에 펼쳐졌습니다. 지금은 웃으며 기억을 떠올리지만 그때 당시는 혼돈의 장 그 자체였습니다.

'아, 아이들이 뒤로 넘기는 걸 모르는구나. 내가 놓쳤네. 천천히 말하자.'라고 생각하며 가정통신문을 다시 전부 걷은 뒤에 말하기 시작했습니다.
"얘들아, 가정통신문은 한 장 갖고 나머지는 뒷자리 친구에게 주면 돼요."
당황스럽게도 같은 상황이 펼쳐졌습니다. 가정통신문을 뒤로 넘기는 일은 1학년 학생들에게 무척 어려운 일이었습니다. 하교 시간이 점점 가까워져서 결국 또다시 걷은 뒤 제가 한 장씩 개별적으로 나눠줬습니다. 개학하는 날 신규 교사의 마지막 교시 모습이었습니다. 가정통신문을 뒤로 넘기는 일을 학생들이 스스로 할 수 있게 되기까지는 꼬박 1주일이 걸렸습니다. 가정통신문을 가장 많이 배부하게 되는 3월 첫 주, 우리 반의 마지막 교시는 늘 알림장 쓰기와 가정통신문을 뒤로 넘기는 것으로 40분을 꽉 채웠습니다.

"내 것 한 장 갖고 전부 뒤로 넘기기!"
마지막 교시에 우리 반에서 늘 흘러나왔던 말입니다. 저는 가정통신문을 나눠주면서 저 문장을 말하고 학생들은 따라 외치며 가정통신문을 뒤로 넘겼습니다. 가정통신문을 뒤로 넘기는 것을 지도하는 데 1주일이 걸릴 만큼 학생들의 학교 적응 기간에 지도해야 할 것들은 수두룩했습니다. 쉬는 시간이 뭔지, 급식을 받을 때 식판과 수저를 어떻게 동시에 잡는지, 학교 화장실을 이용할 때는 문을 잠그고 이용하는 것 등 '당연히 알고 있겠지?' 라는 생각이 무너지는 순간이 참 많았습니다. 1학년 담임교사의 경험으로 학생들을 지도할 때는 활동을 구체적으로, 천천히, 반복해서 안내하는 습관이 생겼습니다.

학년 초부터 학급과 관련된 모든 것들은 구체적으로 안내하고 있습니다. 학생들이 우리 반에서 해야 할 일들을 구체적으로 알면 학급의 일과를 습관화하기 쉬워집니다. 수업에서도 마찬가지입니다. 학생들이 해야 할 일들을 최대한 단계적으로 안내합니다. 첫 번째 활동이 끝나면 모든 학생들이 하고 있는 것을 멈추게 하고 두 번째 안내 사항을 듣도록 합니다. 모든 안내가 끝나면 꼭 학생들의 질문을 받는 시간을 갖습니다. 해야 할 일에 대한 안내가 구체적일 때 학생들은 수업 활동을 순조롭게 할 수 있습니다.

생색을 내요

사실 저는 학생들에게 생색을 잘 내는 선생님입니다.

화려한 선물들에 익숙해진 학생들에게 연필을 선물로 준 적이 있습니다. "짠!" 하고 꺼낸 선물이 연필 한 자루라서 기뻐하지도 못하고 선물을 준 선생님에게 투정 부리지도 못한 채 애매한 표정을 짓던 학생들에게 말했습니다.

"얘들아, 이 연필은 무려 선생님이 특별 주문한 한정판 연필이야! 엄청 특별한 연필이지! 축하해!"

"우와! 영광이에요, 선생님!"

반응은 순식간에 바뀝니다. "빛나는 너희들을 늘 응원해."라는 문구를 발견하고는 "선생님! 이 연필 지저분한 제 필통에 넣을 수 없어요.", "저는 이거 절대 못 써요. 선생님~ 집에 가보로 모셔둘게요!" 하며 호들갑을 떨며 말합니다.

이처럼 "너희들이 수업을 즐겁게 받을 수 있도록 엄청 고민한 활동이야~!"라든지 "선생님 최고지? 이럴 때는?" 하고 말하면 학생들은 박수를 치고 환호하며 "와! 역시 우리 선생님 최고!"를 외칩니다. 열심히 준비한 수업 활동, 준비물 등 학생들에게 쏟는 정성에 대해서는 아낌없이 생색을 냅니다. 3월 초에 몇 번 생색을 내면 이후부터는 교사가 굳이 말하지 않아도 "선생님, 이렇게 재미있는 활동을 준비해주셔서 감사합니다.", "선생님, 공책에 댓글 달아주셔서 감사합니다." 등 작은 일에도 감사의 표현을 하며 우리 반 선생님이 최고라고 생각합니다.

학생과 교사의 관계를 탄탄히 하고 담임교사에 대한 신뢰도를 높이는 데 어느 정도의 생색은 필요하다고 생각합니다. 학생들은 선생님이 열심히 준비하는 것들이 당연한 일이 아니라고 생각하면서 감사한 마음을 갖고 수업에 참여합니다. 수업을 하다 보면 학생들의 흥미 위주만으로 수업을 할 수 없습니다. 하기 싫은 것도 해야 하는 것을 지도할 때도 교사의 생색은 도움이 됩니다. 교사의 생색은 학생들의 활동 참여도를 높이고 실제로 우리 반 선생님이 최고라고 생각하면서 학교생활에 적극적으로 참여합니다. 학생들의 반응과 인사로 교사는 보람을 느끼고 학급에 더 많은 정성을 기울이게 되는 힘을 얻습니다.

화를 내는 것이 아니라 훈육을 해요

사실 저는 3년 차까지만 해도 화를 내는 것과 훈육하는 것을 구분하지 못했습니다. 매 수업 시간마다 집중을 하지 못하는 학생에게 화가 나기도 하고 매일 친구들과 갈등이 있는 학생을 보면 한숨이 나왔습니다. SNS로 다른 학생에게 욕설을 퍼붓는 스크린샷을 봤을 때, 경찰서로부터 우리 반 학생이 절도를 했다는 연락을 받았을 때, 절도 사건으로 상담을 한 학생이 교실에 돌아가서 10분도 지나지 않아 또 친구의 돈을 훔쳤을 때는 '내가 너를 얼마나 예뻐하고 믿었는데.' 하며 배신감이 들기도 했었습니다.

열심히 지도했다고 생각했는데 반대되는 행동들에 실망하고 마음이 무너졌습니다. 마음을 털어내지 못하고 학생들과 상담할 때는 훈육이 아니라 화를 냈습니다. 어쩌면 훈육이라는 이름 아래 학생에게 필요한 말이 아닌 제가 하고 싶은 말을 했던 것도 같습니다. 감정이 들어가니 퇴근을 하고 나서도 마음이 불편하고 학생의 얼굴을 마주할 때면 자꾸 학생의 잘못이 떠올랐습니다. 괜히 학생이 미워 보이기 시작하자 이런 상황이 발생할 때 감정에 치우쳐서는 안 된다는 생각이 들면서 교사로서 단단해져야겠다는 생각이 들었습니다.

훈육을 할 때는 감정이 섞이지 않도록 노력하고 있습니다. 문제 상황이 발생했을 때 교사의 감정이 들어가면 교사와 학생 모두 힘들어집니다. 한 걸음 떨어져서 이성적으로 판단하고 학생의 잘못보다는 학생의 성장에 초점을 맞춥니다. 학생의 성장을 돕는 것이 우선이 되어야 함을 계속해서 되새깁니다. 문제 상황이 발생하면 교사가 상황 속에 들어가는 것이 아니라 한 발 물러나서 학생의 문제에 대해 함께 이야기를 나눕니다.

학생들의 잘못을 질타하기보다는 훈육을 해야하는 상황이 발생하면 잠깐 멈춰서 생각과 마음을 다집니다. 교사는 학생들의 행동을 평가하고 해결책을 제시하기보다는 학생들이 스스로 자신의 문제를 대면하고 앞으로의 행동을 다짐하도록 돕습니다. 단호한 표정과 낮은 목소리는 훈육을 하는 데 힘이 됩니다.

감정을 빼고 일관적인 태도로 학생들의 문제 상황을 대면하면 부정적인 감정에 휩싸였던 학생들도 차분하게 자신을 돌아볼 수 있습니다.

학생들과 함께 생활하다 보면 학급 전체에게 훈육을 해야 할 때가 생깁니다. 무표정으로 선생님이 너희들에게 할 이야기가 있다며 자리에 앉고 문을 닫으라고 하는 순간, 학생들이 분위기를 눈치채고 모두 조용히 자리에 앉습니다. 말을 할 때 교사의 목소리는 크게 내지 않습니다. 교사가 목소리를 낮게 하고 표정을 굳히는 것만으로도 분위기는 형성됩니다.

모두가 자리에 앉으면 "선생님이 어떤 이야기를 할 것 같아?" 하고 묻습니다. 훈육을 할 때는 교사가 말하는 것이 아니라 질문을 통해 학생들이 스스로 자신의 행동을 점검하도록 합니다. 대체적으로 학생들의 입에서 답이 나옵니다. 우리 반의 문제 상황을 전체가 인식했다면 학생들에게 질문합니다.

"이렇게 행동하는 게 바람직한 일이었을까? 아니라면 그 상황에서 어떻게 행동하는 것이 바람직한 걸까?"

질문에 대해 생각할 시간을 주고 학생들의 답변을 충분히 듣습니다. 교사는 학생들이 스스로 문제를 인식하고 해결 과정을 찾는 것을 도와줍니다. 문제 상황에 대해 충분히 인지했다면 앞으로의 다짐을 들으며 훈육을 마무리합니다. 훈육이 끝난 뒤에는 학급 분위기를 계속해서 냉각시키는 것이 아니라 우리 반 전체에게 격려와 지지를 보내며 분위기를 풀어줍니다.

개인에게 훈육할 때는 둘만 이야기할 수 있는 공간으로 이동해서 대화를 나눕니다. 다른 학생들이 함께하고 있는 공간에서 개인 훈육이 이루어질 때는 교사와 학생 모두 대화에 집중하지 못하는 상황이 생길 수 있고 1:1로 대화할 때 학생들은 자신의 행동을 되돌아보기 쉽습니다.

"OO는 이번 행동에 대해 어떻게 생각해?" 차분한 목소리로 눈을 마주치며 대화합니다. 눈을 피하는 학생들은 선생님의 눈을 보며 대화하도록 지도합니다. 교사와의 대화를 통해 학생은 자신의 문제 행동을 발견합니다. 교사가 행동에 대해 평가하고 지적하는 것보다 스스로 행동을 되돌아보았을 때 행동 교정의 효과가 높습니다. 자신의 잘못된 행동에 대해 점검하고 앞으로의 다짐을 듣습니다.

수업 시간에 개인을 훈육해야 하는 상황이 생길 때도 있습니다. 그럴 때는 학생의 이름을 언급하지 않고 "이런 행동이 우리 반 모두에게 도움이 되는 행동일까?" 하고 행동만을 언급합니다. 문제 행동이 심한 경우에는 수업을 끊고 버럭 화를 내는 것이 아니라 "OOO 경고 1번" 하고 말할 뿐입니다. 평소에 "선생님은 안 좋은 걸로 이름을 부르기 싫어. 칭찬할 때만 너희들의 예쁜 이름을 부르고 싶거든."이라는 말을 자주 하기 때문에 이름을 부르고 경고라고 말하는 것만으로도 문제 행동은 중단됩니다. 수업 시간 내에 문제 행동이 반복되었을 경우에는 수업이 끝나고 쉬는 시간에 상담을 진행합니다.

학교에서 학생들끼리 갈등이 생기는 것은 자연스러운 일입니다. 단체 생활을 하면서 학생들은 서로 부딪히고 갈등을 통해 배우고 성장합니다. 학생들끼리의 갈등은 자연스러운 일이라고 인식하니 훈육을 할 때 교사의 감정이 들어가지 않게 되었습니다. 중요한 것은 갈등을 통한 성장입니다.

학생들 간에 갈등이 있을 때는 대체적으로 모든 학생들을 불러서 이야기를 듣습니다. 예외인 경우는 고학년일 때, 욕설이나 폭력이 동반된 상황일 때입니다.

모든 학생들의 이야기를 차례대로 듣는데 이때 중요한 것은 한 명이 말을 할 때는 다른 학생들이 절대 끼어들지 않는 것입니다. 학생들은 자기중심적으로 말을 하기 때문에 모든 학생들의 이야기를 들어야 전체적인 상황이 파악됩니다. 서로의 이야기를 듣다 보면 자신의 입장에서만 이야기했던 학생들도 자신의 행동을 돌아보게 되는 장점이 있습니다. 이야기를 다 듣고 나면 교사는 학생에게 질문을 할 뿐입니다.
"○○는 네 행동에 대해서 어떻게 생각해?"
"이번 상황에서 어떻게 행동하는 것이 현명한 걸까?"

친구의 잘못만을 외치던 학생들이 자신의 행동을 돌아봅니다. 학생들에게 서로 할 이야기가 있냐고 물어보면 대부분의 학생들이 자기가 먼저 사과하겠다고 합니다. 교사는 학생들이 대화하는 것을 지켜봅니다. 이때는 감정적으로 대화했던 학생들도 차분하게 대화를 나눕니다. 사과를 통해 상황이 마무리되었다면 마지막에는 교사가 개입해서 해야 할 말들을 하고 학생들의 다짐을 듣습니다.

2장
우리들의 만남
준비하기

"어떤 학생들을 만나게 될까?"
걱정과 설렘이 가득한 2월입니다. 아직은 쌀쌀한
2월, 본격적으로 학생들을 맞이할 준비를 하기 시작합니
다. 학교에서는 전 교직원이 모여서 약 1주일간 교육과정 수
립 기간을 갖습니다. 교육과정 수립 기간에는 올해의 학년과
학급, 업무를 배정을 받습니다. 학년, 학급, 업무 발표가 나면
이제는 학생들을 맞이할 준비를 할 때입니다. 담임교사는
개학 전에 해야 할 일을 체크리스트로 정리해서 차근
차근 준비하면 좋습니다.

교실 청소하기

　교사의 짐을 정리하기 전에 우선 교실 청소를 합니다. 이전에 청소를 했어도 2월에 가 보면 쌓여 있는 먼지들이 많기 마련입니다. 창문을 열어 환기하고 청소기로 교실 전체를 청소한 뒤 빗자루로 한번 더 쓸고 먼지가 많은 부분은 물티슈로 닦습니다. 사물함이 있는 곳까지는 청소를 하지 않는 경우가 잦아 사물함을 다 꺼내서 깨끗하게 청소합니다. 이전에 교실을 사용하던 선생님이 짐이나 준비물을 많이 남기고 갔다면 청소를 하면서 어떤 물건들이 있는지 전반적으로 살펴보는 것이 좋습니다.

　버릴 물건들은 과감하게 버리고 사용할 수 있는 물건들을 파악합니다. 오래된 물건이나 이미 사용했는데 버리기 애매해서 몇 년째 교실에 쌓여 있는 물건들이 꽤 많이 보입니다. 주변 선생님들에게 물어 나눔을 하거나 교실이 예전 물건들로 가득 찬 경우에는 과감하게 버립니다. 교실이 비어야 채울 수 있는 공간이 생깁니다.

　청소가 끝났다면 준비물들과 개인적인 짐을 차곡차곡 정리합니다. 바구니를 활용해서 종류별로 정리하면 깔끔합니다. 보통 공간 배치를 새롭게 구성한 뒤에 학습준비물과 개인 짐을 정리하고 있습니다. 책걸상도 학생 수에 맞게 옮겨두고 책상 높이가 짝과 현저히 다른 경우에는 높이를 맞춥니다. 책상 높낮이가 다르면 짝 활동이나 모둠 활동을 할 때 불편합니다. 처음 교실에 들어왔을 때 정돈되고 쾌적한 교실의 모습은 학교생활의 기대감을 높여주고 선생님의 첫인상에도 영향을 줍니다.

교실 공간 구성하기

　교실은 늘 정돈되어 있어야 합니다. 정돈된 교실은 학생들이 학교생활을 차분하게 하는 데 도움을 주고 교육활동을 하는 데 있어서도 효과적입니다. 그래서 교실 이사를 한 뒤에는 1년 동안 사용할 교실을 둘러보면서 공간을 효과적으로 활용할 수 있도록 고민합니다. 교실 청소가 끝난 뒤에는 사물함을 뒤에 놓아보기도 하고 옆으로 이동시켜 보기도 하고 청소함을 교실 안에 넣었다가 복도로 뺐다가 하는 등 교실을 효율적으로 활용할 수 있도록 최대한 마음에 드는 위치로 가구들을 이리저리 재배치해 봅니다. 교실에 아쉬운 부분이 있다고 해도 교실 분위기는 교사가 새롭게 만들 수 있습니다.

01
칠판

　칠판은 학생들의 시선이 가장 많이 머무는 공간입니다. 칠판에는 학생들이 생활하는 데 꼭 필요한 것들만 부착합니다. 칠판에 부착하는 것들이라고 해도 평소에 자주 사용하지 않는 것들은 보이지 않는 곳에 보관하다가 필요한 상황에만 꺼내서 사용합니다. 수업을 할 때 칠판이 어수선하면 주의가 분산되기 마련입니다. 저는 교사 책상 위치에 따라 왼쪽과 오른쪽

너와 내가 함께 반짝이는 별빛교실

**교사 책상과
먼 칠판**

시간표
다했어요판
학습보드판

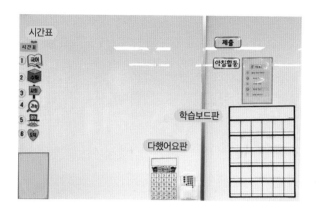

**교사 책상과
가까운 칠판**

날짜
공부할 문제
모둠 보상판

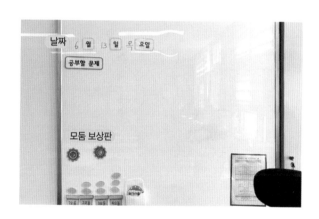

을 구분하고 부착해 놓는 것들을 다르게 하고 있습니다.

　교사 책상과 가까운 칠판은 교사가 수시로 확인해야 하는 것들을 붙여 놓습니다. '시간표'나 '다했어요판', '학습보드판'처럼 학생들이 자주 활용하는 것들은 교사 책상과 먼 곳에 부착해야 교사와 학생의 동선이 꼬이지 않습니다.

게시판

요즘에는 알록달록하고 화려한 현수막이 잘 나와서 현수막이 붙여져 있는 교실들이 많이 보이지만 본래의 게시판을 그대로 사용하고 개인 작품의 대지로는 펠트 부직포를 활용하는 것을 선호합니다. 펠트 부직포를 활용하면 뒷게시판을 다채롭게 꾸밀 수 있고 학생들의 작품이 두드러지게 보이는 장점이 있습니다.

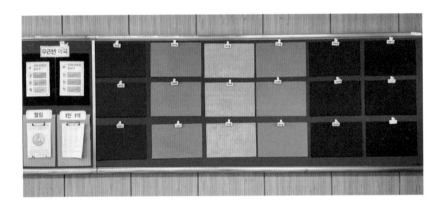

뒷게시판도 칠판처럼 구역을 나누어서 정리합니다. 한쪽은 장기적인 작품들을 게시하는 구역이고 한쪽은 학생들의 작품을 수시로 교체하는 곳입니다. 협동화, 학급 단체 작품, 모둠 작품 등을 게시하는 공간에는 1인 1역할, 알림 사항, 시간표도 함께 게시합니다. 투명 폴더, 코팅지 등 여러 가지를 활용해봤는데 투명 클립보드가 사용하기에 가장 편했습니다. 클립보드 뒷면에 압정 4개를 글루건으로 붙이면 편하게 사용할 수 있습니다.

개인 작품은 무지개색의 부직포를 대지로 활용해서 작품을 게시합니다. 펠트 부직포를 활용하면 색이 다채로워서 게시판을 알록달록하게 꾸

너와 내가 함께 반짝이는 별빛교실

며 발랄한 교실 분위기를 만들 수 있습니다. 신규 교사 때 구입한 이후 매해 사용하고 있는데 사용감이 없어서 다회용으로 사용할 수 있다는 장점이 있습니다. 학생의 수만큼 적절하게 배치하고 있고 세로로 3줄을 붙이면 정돈된 느낌을 받을 수 있습니다. 저학년을 제외한 학생들은 게시판의 작품을 스스로 교체하고 있습니다.

부직포(대지)를 전부 내려서 게시판 공간 전체를 활용하는 경우도 있습니다. 학생들과 프로젝트 수업을 할 때나 학생들 수업에 게시판을 활용하는 경우입니다. 자유롭게 공간을 구성하며 학습 내용을 부착한 게시판은 그 자체만으로도 수업 자료가 됩니다.

12월에는 늘 학생들과 함께 부직포를 정리하고 연말 맞이 환경 꾸미기를 합니다. 트리 만들기, 눈사람 그리기, 겨울 풍경 그리기, 포스트잇에 소원 쓰기 등의

활동으로 뒷게시판을 꾸밉니다. 집에 있는 트리 장식품들을 하나씩 가져와서 트리에 붙이고 작은 전구 조명까지 감으면 연말 분위기를 흠뻑 느낄 수 있습니다. 겨울 냄새가 물씬 나는 게시판을 보며 '어느새 한 해가 마무리 되는구나.' 하는 생각으로 뭉클해집니다.

교실수납장

수납장은 보통 교실마다 최소 2개씩 구비되어 있습니다. 수납장 중 1개는 학생들이 자주 사용하는 학습준비물, 1개는 자주 사용하지 않는 학습준비물을 넣어 정리합니다. 학습준비물을 깔끔하게 수납해 두면 수업 준비를 할 때 빠르게 물건을 찾을 수 있습니다. 노란 바구니를 활용해서 차곡차곡 정리하며 교실 한쪽 벽면에는 행잉 파일 폴더를 걸어 놓습니다. 보통 학생들의 이름표 인쇄물, 결석 서류(교외체험학습 신청서, 교외체험학습 보고서, 결석신고서), 학급 회의록 등을 보관해 둡니다. 공책 제목 스티커, 이름 스티커, 결석 서류 등을 미리 여러 장 인쇄해서 행잉 파일 폴더에 넣어두면 학생들이 필요할 때마다 스스로 가져가서 사용합니다. 물건을 빠르게 찾을 수 있도록 교실을 정리하면 교사의 시간을 아낄 수 있습니다.

너와 내가 함께 반짝이는 별빛초교실

44

별별대여소

별별대여소는 학습준비물을 미처 가져오지 못한 경우 대여해주는 공간입니다. 깜빡해서 필통을 못 가져온 학생은 별별대여소에서 연필과 지우개를 빌리고 풀을 다 쓴 학생들도 친구에게 빌리는 대신 별별대여소에서 빌릴 수 있습니다.

〈주인을 찾습니다〉 바구니 옆에 작은 공간을 마련해서 데스크매트를 깔고 정리함을 둬서 자유롭게 물건을 사용할 수 있게 했습니다. 별별대여소는 연필을 깎는 공간이 되기도 하는데 기특하게도 별별대여소에 있는 연필들을 깎아서 친구들이 사용하기 편하게 정리하는 학생들의 모습을 볼 때도 있습니다. 별별대여소 옆에는 〈주인을 찾습니다〉 바구니를 둡니다. 교실에서 주인을 찾지 못하고 굴러다니는 물건들은 해당 바구니에 넣고 학생들이 오고가며 주인을 찾습니다. 바구니에서 1주일 동안 주인을 찾지 못한 물건들은 별별대여소로 넣어 학급에서 공동으로 사용합니다.

행복과 배움으로 채우는 초등학교 교실

책 읽는 공간 & 놀이 공간

    3월에 개학을 준비하며 교실 공간을 구성할 때 가장 고민하는 공간입니다. 기존에 배치된 가구들을 빼고 다르게 배치해 보면서 늘 교실 구석에 하나의 공간을 만듭니다. 이 공간에서 학생들은 책을 읽기도 하고 친구들과 보드게임을 하기도 하면서 쉬는 공간으로 사용합니다. 교실에서 사용할 수 있는 매트를 구입해서 정말 잘 활용하고 있습니다. 교실에 매트를 깔아두니 학생들이 차가운 바닥 위에서 놀지 않아도 되고 학습 공간과 놀이 공간이 자연스럽게 구분되었습니다. 나가서 놀기 좋아하는 학생들도 매트 위에서 책을 읽고, 친구들과 뒤엉켜 노는 학생들이 많아졌습니다. 작은 쿠션을 마련해주면 금상첨화입니다.

　　매트 사이에 작은 테이블을 두면 친구들과 보드게임을 편하게 할 수 있습니다. 책상을 두는 것이 오히려 불편할 수도 있겠다는 생각에 고민을 했는데 바닥에서 보드게임을 하는 것보다 낮은 책상을 두니 너무 좋다는 학생들의 말에 책상을 그대로 두고 사용하고 있습니다.

　　교실에 마련해두는 이 공간은 학생들이 스스로 관리합니다. 매트 공간에 올 때는 실내화를 예쁘게 정리하고 공간을 사용한 뒤에는 보드게임과 책을 함께 정리합니다. 공간을 사용한 학생들이 정리하는 것이 규칙이지만 공간이 정리되지 않은 모습을 보면 다 같이 정리하도록 합니다. 처음 상태 그대로 정돈된 모습을 유지할 수 있도록 학생들이 생활 속에서 관심을 갖고 관리하도록 지도하는 것이 중요합니다.

교사 자리

하루 중 많은 시간을 보내는 교실 공간을 예쁘게 만들면 소소한 행복을 느낄 수 있습니다. 출근을 했을 때 제 취향으로 정돈된 책상에 앉으면 하루를 기분 좋게 시작하기에 좋습니다. 학교생활을 하다 보면 책상이 어지러워지기 마련이지만 퇴근을 할 때는 꼭 출근할 때 깨끗한 책상에 앉을 수 있도록 정리합니다.

책걸상은 우리 반 학생 수보다 1개 더 준비해서 교사 책상 옆에 보조 책상과 의자를 하나 두고 사용하고 있습니다. 보조 책상은 수업 자료 및 스테이플러, 테이프 등을 보관해 두기 좋습니다. 검사가 완료된 제출물들은 집배원 바구니(노란 바구니)에 넣어두면 1인 1역 집배원 역할을 맡은 학생이나 책상을 지나가며 바구니를 확인한 학생들이 자연스럽게 가져가서

친구들에게 나눠줍니다. 의자는 학생들이 칠판의 날짜를 바꾸거나 지우는 등 1인 1역할을 할 때, 수학 시간 어려운 문제가 있어서 교사 옆에 앉아 공부할 때 등 요긴하게 사용합니다.

교사 책상에서 만족스럽게 사용하는 물건을 몇 가지 소개해드리자면 트롤리, 무선 키보드와 마우스, 컷팅 매트 등이 있습니다. 학생들과 휜둥이라는 이름을 지어 사용하는 트롤리는 강력 추천하는 물품입니다. 다했어요 바구니(대형 노란 바구니)를 쓰다가 교과서와 공책 검사할 때 너무 무거워서 트롤리를 구입했는데 바퀴가 있어서 학생들의 과제를 검사할 때 편하고, 3단으로 되어 있어서 여러 과제물을 동시에 확인할 때도 유용합니다.

책상 위에는 교실에 방문하는 선생님들마다 "선생님 자리 정말 예쁘네요!" 하고 감탄하는 데 큰 몫을 하는 무선 키보드, 무선 마우스, 데스크 매트, 컷팅 매트가 있습니다.

교실용 키보드와 마우스 대신 개인 무선 키보드와 무선 마우스를 갖고 다니고 있는데 줄에 구애받지 않아서 손목이 편하고 어떤 자세로 있든 키보드나 마우스를 끌어와서 사용할 수 있어서 수업할 때 좋습니다. 데스크 매트는 눈의 피로도를 낮춰주고 컷팅 매트는 바로 옆에 둬서 칼을 사용할 때 유용하게 쓰고 있습니다. 컷팅 매트 아래에는 30cm 자를 구비해 두면 좋습니다.

학부모에게 보내는 첫 편지

　개학하는 날에는 늘 가정으로 편지를 보내고 있습니다. 보통 3월 말에 교육과정 설명회, 학부모 상담주간으로 학부모님과 첫 만남을 갖게 되지만 그 전에 글로 첫인사를 보냅니다.

　개학날 많은 가정통신문이 배부되기 때문에 잘 읽을까 염려스럽기도 하지만 학부모 상담주간이 되면 어김없이 첫 편지에 대한 소감을 말하는 학부모님이 꼭 있을 정도로 첫 편지는 교사의 첫인상을 심어주는 데 큰 역할을 합니다.

　편지에 적는 내용은 매해 학교와 학급 특색에 맞게 수정하지만 교육 철학, 학급에서 중요하게 생각하는 가치, 학부모님에게 바라는 점 등 큰 틀은 아래와 같습니다.

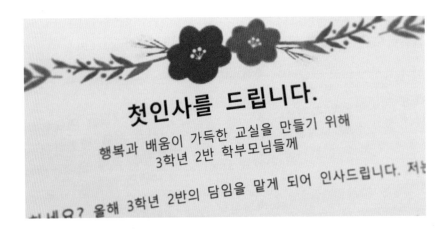

첫인사를 드립니다.

행복과 배움이 가득한 교실을 만들기 위해
3학년 2반 학부모님들께

세요? 올해 3학년 2반의 담임을 맡게 되어 인사드립니다. 저는

안녕하세요.

○○학년도 ○학년 ○반 담임교사 엄주란입니다. 별처럼 빛나는 학생들을 만날 생각에 기대가 큽니다. 학교에서 아이들이 행복하고 많은 배움이 일어날 수 있도록 학부모님의 관심과 응원 부탁드립니다. 글로 처음 인사를 드리며 학급을 경영함에 있어 제가 아이들과 만들어가고 싶은 교실에 대해 말씀드리겠습니다.

행복과 배움이 있는 별빛교실

행복과 배움. 두 가지 단어는 제가 만들고 싶은 교실의 핵심 단어입니다. 생활의 대부분을 학교에서 보내는 아이들에게 학교라는 공간은 행복해야만 하고, 단순히 행복한 공간이 아닌 배움이 있는 공간이어야 됩니다. 행복이란 자신의 일상에서 기쁨을 찾고 자신의 행동에 가치를 느끼며 살아가는 것을 의미하고, 배움은 단순한 지식 전달 차원이 아닌 삶의 덕목들을 배운다는 것을 의미합니다. 우리 교실에서는 서로 이해하고 배려하며 자신의 가치를 실현하는 행복과 배움이 있을 것입니다.

별빛교실에서의 생활은 이렇습니다.
- 학급 약속을 스스로 생각하고 정해서 책임감을 갖고 실천합니다.
- 기록하는 습관을 들입니다. (배움 공책, 마음 글쓰기, 별별이야기)
- 독서하는 습관을 만듭니다. (별빛도서부, 별빛책방, 그림책 만들기)
- 자신의 언어로 스스로의 마음과 생각을 표현합니다.
- 타인을 존중하며 경청하는 자세를 지닙니다.

행복과 배움으로 채우는 초등학교 교실

학습지도

초등학교인 만큼 기초학습능력을 기르는 일도 중요한 학급의 일이 될 것이라 생각합니다. 수업을 진행함에 있어 우리 반에 적합한 다채로운 활동으로 학생들이 배움에 흥미를 느끼도록 노력하고, 다양한 발표 방법으로 발표 경험을 확대해서 자신의 생각을 자신 있게 표현할 수 있도록 독려하겠습니다. 수업 시간에는 배움 공책을 활용합니다. 배움 공책은 학생들이 학습할 때 중요 내용을 파악하는 데 도움이 될 것입니다. 이번 한 해 동안 학생들이 학습한 결과를 한 군데 모아 학생들 나름의 포트폴리오를 만들 예정입니다. 포트폴리오를 가정에 가져가면 자녀와 함께 학생들의 결과물을 살펴보면 좋겠습니다.

생활지도

따뜻한 마음으로 서로의 다름을 이해할 수 있는 학생이 되었으면 합니다. 학교라는 작은 사회로의 첫발을 내딛는 아이들에게 삶을 대하는 바른 자세와 타인과 더불어 사는데 필요한 기본적인 예의에 대해 지도하겠습니다. 학생들이 책임감을 갖고 자신의 일을 스스로 할 수 있도록 1인 1역할을 실행할 예정이며 교실 내에서는 서로를 배려하는 태도를 지니며 온기가 있는 사람으로 성장할 수 있도록 지도하겠습니다.

부모님께서 도와주실 일

담임교사와 학부모님은 우리 학생들의 바르고 행복한 학교생활이라는 공동 목표를 갖고 함께하는 협력자입니다. 학생들을 지도할 때 교사 혼자만의 노력으로는 많은 변화를 이끌어내기 힘듭니다. 한 해 동안 학부모님들께 몇 가지 부탁의 말씀을 드립니다.

1. 선생님을 신뢰하는 모습을 자녀에게 보여주시기 바랍니다. 자녀들은 부모님의 말을 들으며 선생님에 대한 마음을 다질 수 있습니다. 어떠한 경우에도 아이 앞에선 담임교사를 비난하는 말은 지양해주시기 바랍니다. 학부모가 자녀에게 담임교사를 비난하는 말을 하는 경우 교육 활동에 어려움이 생깁니다.

2. 학교생활을 하다가 어려움이 있거나 학급에서 일어난 일이 궁금한 경우에는 꼭 연락을 주시기 바랍니다. 아이들은 학교에서 일어난 일을 주관적으로 이야기해서 쉽게 오해가 생길 수 있습니다. 자녀의 말을 듣고 감정적으로 대처하기보다는 꼭 담임선생님과 상담을 하고 학생의 어려움을 함께 도왔으면 합니다. 알림장에 글을 남겨주시거나 전화 및 문자를 이용하여 연락 주시기 바랍니다. 원활한 문제 해결을 위해 노력하겠습니다.

3. 평소에 책을 읽는 습관을 길러주시기 바랍니다. 초등학생 때의 독서는 문해력과 학습 태도에 큰 영향을 주기 때문에 무척 중요합니다. 학급에서 학생들이 책을 가까이 할 수 있게 여러 활동들을 진행할 예정이며 가정에서도 기본적인 독서량을 꾸준하게 확보할 수 있도록 도와주시기 바랍니다. 초등학생 때는 듣는 독서의 효과가 높다고 합니다. 책을 읽어주거나 짧게라도 함께 독서하는 시간을 꾸준히 가진다면 학생들에게 많은 도움이 될 것입니다.

4. 각종 신청서(가정통신문)는 되도록 바로 제출해 주시기 바랍니다. 안내장이 나가는 경우, 학부모님의 편의를 위해 구멍을 뚫어 보내고 있습니다. 필수 제출(구멍 2개), 희망자만 제출(구멍 1개), 참고 안내장(구멍 없음)입니다. 구멍 개수를 참고하시고 필수 제출해야 하는 신청서는 바로 다음 날 제출해주시기 바랍니다. 바로 제출이 되지 않는 경우 기한을 넘겨서 신청을 하지 못하거나 가정통신문이 분실되는 경우가 많고 미제출한 학생에게 안내가 반복해서 이루어집니다.

5. 학급 교육 활동 사진 공유 및 학급의 안내 사항이 하이클래스로 이루어질 예정입니다. 학급 어플 가입 과정 및 개인정보 제공 동의서를 추가로 보냅니다. 추가 안내장을 확인하시고 가입 절차에 어려움이 있는 경우 연락 주시기 바랍니다. 더불어 학생들도 학급 어플에 가입할 수 있도록 지도 부탁드립니다.

6. 출결 관련 안내입니다. 교외체험학습을 신청하거나 결석하는 경우에는 꼭 사전에 연락을 주시기 바랍니다. 출석 인정 서류(교외체험학습 신청서 및 보고서)는 학교에서 안내하는 기한 내에 작성해서 제출해 주셔야 출석이 인정됩니다. 각종 신청서를 작성하는 경우에는 부모님이 볼펜으로 작성합니다.

7. 알림장은 매일 확인하여 보호자 서명을 해주시기 바랍니다. 매일 알림장을 확인하는 것은 학생들이 자신이 해야 할 일을 스스로 점검하는 데 도움이 됩니다. 알림장에 별 표시가 있는 경우는 미제출한 안내장이 있거나 학교생활에 필요한 물품이 준비되지 않은 경우이니 세심하게 살펴주셔서 자녀의 학교생활을 도와주시기 바랍니다.

8. 등교시간(8시 40분)을 지킬 수 있도록 지도 부탁드립니다. 8시 45분에는 인사 및 안내사항을 말하는 시간을 갖습니다. 등교 시간이 늦어지는 경우 안내사항을 놓치고 1교시 준비가 다른 학생보다 늦어져서 수업 시간에 지장이 생기는 경우가 있습니다.

9. 학급 규칙을 안내드립니다. 학생들이 학급 규칙을 지키며 생활할 수 있도록 내용을 확인해 주시기 바랍니다.

학급 규칙

- 학교에 간식 및 음식물 가져오지 않기
- 학교에 장난감 가져오지 않기
- 학교에 귀중품 가져오지 않기(분실 시 찾기가 어렵습니다.)
- 돈을 빌리거나 빌려주지 않기(간식이나 물건도 친구에게 사주거나 사
  달라고 하지 않기)
- 학생들끼리의 단톡방 금지(단톡방에 보호자 있는 경우 O)

3월 첫 주에 준비해야 하는 준비물

3월 첫 주에 학생들이 준비해야 하는 준비물입니다. 아이들과 체크하며
준비해 주시기 바라며 준비물은 낱개마다 이름을 써야 분실의 위험이 낮
습니다.

행복과 배움으로 채우는 초등학교 교실

학습 준비물

필기도구

- **필통**

소리가 나지 않는 천으로 된 필통(철제 필통X, 장난감 기능 있는 필통X)
필통이 떨어질 때 소리가 별로 나지 않는 필통을 준비합니다. 철제 필통
인 경우 필통이 떨어지면 쨍그랑하는 소리가 나서 수업의 흐름이 끊기거
나 고장 나는 경우가 있습니다. 장난감 기능이 있는 필통도 마찬가지이
며 수업 시간에 학생들의 주의를 분산시킬 수 있어서 학교에는 가져오지
않습니다.

- **깎은 연필 3자루 이상, 지우개**

필통 속에는 깎은 연필을 3자루 이상 갖고 다닙니다. 학생들의 소근육
발달과 글씨 교정을 위해서 교실에서는 샤프를 쓰지 않습니다.

- **15cm 자**

눈금이 잘 보이는 투명한 자를 준비합니다. 수학 교과, 만들기 활동 등에
활동합니다.

- **색볼펜(빨강, 파랑, 검정), 형광펜 1자루**

중학년, 고학년의 경우 색볼펜과 형광펜을 준비합니다. 교과서의 핵심
내용을 파악하거나 배움 공책을 정리할 때 활용합니다. 형광펜은 빨강,
진한 초록 등 글자가 잘 보이지 않는 진한 색이 아닌 노란색, 연두색, 분
홍색 등 글자가 잘 보이는 연한 색을 준비합니다.

- **채점 색연필 1자루**

채점용 빨간색 색연필 1자루를 필통 속에 넣어서 다닙니다.

- 가위, 딱풀

뚜껑, 몸통에 모두 이름을 써서 준비합니다.

- 색연필, 사인펜

색연필은 24색 이상 연필 색연필이 아닌 기본 12색 색연필을 준비합니다. 연필 색연필은 수업 시간에 활용하는 색연필로 적절하지 않고 24색 이상 색연필은 책상에 비해 색연필 부피가 커서 활동하는 데 불편합니다.

- 파일박스

자주 사용하지 않는 교과서나 파일은 파일박스에 넣어 정리합니다. 파일 박스가 없는 경우 교과서와 각종 파일철이 쓰러지게 돼서 사물함 내부를 정리하기 어렵습니다.

학습용품

- 알림장 1권

알림장은 줄공책이 아닌 알림장 용도로 나온 공책을 사용합니다. 줄공책을 알림장으로 사용하는 경우 날짜를 구분하기 어렵고 알림장 내용을 확인하는 데 불편함이 생깁니다.

- A4 클리어파일

작품 보관용 파일입니다. 학생들의 작품을 A4 클리어파일에 차곡차곡 보관하면 학생들의 포트폴리오가 만들어집니다. A4 크기보다 큰 작품의 경우 작품이 보이는 쪽으로 반을 접어서 보관합니다. 학생들의 작품은 클리어파일에 보관했다가 학년 말에 한꺼번에 가정으로 보냅니다.

- L자 투명 파일

가정통신문을 넣는 L자 투명 파일은 가방 속에 매일 넣고 다닙니다. L자 투명 파일이 없는 경우 안내장이 구겨지거나 분실되는 경우가 잦습니다.

- 줄공책 3권

줄공책은 배움 공책 및 마음 글쓰기 공책으로 활용합니다. 학년에 맞는 줄공책으로 준비합니다.

- 연습장 1권

줄이 그어지지 않은 무지 연습장을 1권 준비합니다. 1~2학년은 종합장, 3~6학년은 스프링 무지 공책으로 갖고 옵니다.

담임교사와의 소통 방법

교사와 연락은 학급 어플(문자), 교실 번호(전화)를 통해 가능합니다. 전화는 수업 시간을 제외한 오후 3시 이후에 부탁드립니다. 수업 시간에 전화가 오면 학생들의 수업을 중단하면서 전화를 받게 됩니다. 급하게 연락이 필요한 경우에는 문자를 남기면 확인하는 대로 답변을 드리겠습니다.

"소중한 인연으로 기억되는 한 해가 되었으면 좋겠습니다. 감사합니다."

첫 만남 준비하기

✦

　누군가 제게 1년의 학급 살이 중 가장 중요한 달을 선택해보라고 한다면 1초도 고민하지 않고 3월을 말할 것입니다. 3월은 크고 작은 우리 반의 습관을 만드는 데 가장 중요한 달입니다. 그중 3월 1주는 학급의 전반적인 틀을 세우는 주간이기 때문에 첫 만남은 미리 계획이 되어 있어야 하고 우리 반 학생들이 어떤 모습으로 성장했으면 좋을지에 대해 사전에 깊은 고민을 해 봐야 합니다. 자신이 만들고 싶은 교실의 모습을 고민하는 시간은 학급 경영의 주춧돌이 됩니다.

　개학 날은 학급 경영의 첫 단추가 되는 날입니다. 교사가 추구하는 학급의 모습을 안내할 수 있도록 개학에 필요한 자료들을 하나씩 살펴보며 꼼꼼하게 준비합니다. 학생들 명렬표와 자리배치도를 뽑아 칠판에 붙이고 첫날에 할 활동들을 계획합니다. 3월 첫 주는 바로 교과 수업을 진행하기보다는 학급 세우기 주간으로 우리 반의 큰 틀을 정하는 주라고 생각하면 좋습니다. 교사가 추구하는 교실의 모습에 따라 첫 주의 활동들을 계획합니다. 첫 만남에 필요한 자료들을 하나씩 확인하고 수정하며 학생들을 맞이할 준비를 합니다.

3장
첫 만남

첫 만남의 설렘과 긴장 속에 아침잠이 많은 저조차도 일찍 눈이 떠지는 개학 날입니다. 아무도 없는 교실에 학생이 처음 등교하는 것보다는 교실 불이 켜져 있고 반겨주는 선생님이 있어야겠다는 생각에 개학하는 날에는 일찍 출근하는 편입니다. 복도에서부터 쩌렁쩌렁 큰 목소리가 들려올 정도로 신이 난 학생, 아는 친구가 같은 교실에 있어 반가우면서도 어색해하며 눈치를 보는 학생, 굳은 표정으로 아무 말도 하지 않고 앉아 있는 긴장한 학생 등 교실로 들어오는 학생들 얼굴에 설렘과 어색함이 그대로 묻어나 빙그레 미소가 지어집니다. 각각의 색을 뽐내는 학생들을 맞이하며 한 해가 시작됩니다.

개학 날 하는 활동들은 대체로 아래와 같습니다.

아침 활동	칠판 편지 읽기 + 자리 찾기 + 차분하게 할 수 있는 아침 활동 제시
1교시	시업식 + 선생님 소개
2교시	별빛교실 소개
3교시	삼각 이름표 만들기 + 자기소개
4교시	청소 방법 지도 + 청소하기 + 알림장 쓰기 + 가정통신문 배부

개학 아침 활동

◆

    학생들과 처음 만나는 아침 시간입니다. 교실에 들어오는 학생들과 인사를 한 뒤에는 칠판에 붙여둔 자리 배치도를 보고 자신의 자리를 찾아서 앉고 칠판의 내용을 읽도록 합니다. 아침 활동을 제시하지 않은 경우에는 친구들과 이야기하는 소리, 선생님에게 질문하는 소리가 섞여 소란스러운 분위기가 형성될 수밖에 없습니다. 친구들과 소리 높여 대화하기보다는 차분하게 할 수 있는 아침 활동을 제시합니다. 정돈된 분위기로 첫 번째 아침 시간을 시작할 수 있습니다.

칠판에 적는 내용

○학년 ○반 반가워요.^^ → 인사말
칠판의 내용을 읽고 차근차근 해보세요. → 학생들이 공통적으로 할 일 제시

1) 선생님께 용기 내서 첫인사 하기
2) 자신의 자리를 찾아 바르게 앉기 → 칠판에 미리 좌석 배치도 부착
3) 아침 활동
   예시: 친구와 앉아서 인사 나누기, 우리 반이나 선생님께 궁금한 내용
   포스트잇에 적기, 우리 선생님을 소개해(작년 학생들이 쓴
   선생님 설명서) 읽기, 책 읽기 등
4) 짐 정리는 아침에 하지 않아요! → 마지막 교시에 할 예정!

"선생님! 짐 정리해요?"

개학 날마다 등교한 학생들에게 꼭 듣는 질문입니다. 학생마다 등교 시간이 달라서 짐 정리 방법을 전체적으로 안내할 수 없기 때문에 개학 아침 시간에는 짐을 정리하지 않게 합니다.

2년 차에 3학년 학생들을 맡았습니다. 신규 때 맡았던 1학년과 달리 짐 정리를 스스로 할 수 있을 줄 알고 짐 정리를 해도 되냐는 질문에 괜찮다고 대답했습니다. 딱 10분 만에 제 말을 후회했습니다. 아침 시간은 아수라장이 되었습니다. 우선 짐을 정리하는 학생과 정리하지 않는 학생이 나뉘었습니다. 짐을 정리하는 학생들이 책상과 사물함을 왔다 갔다 하니 교실이 금방 어수선해졌고 정리하지 않는 학생들은 친구들과 이야기 나누

며 소란스러운 분위기까지 형성되었습니다. 짐을 정리하는 학생들은 서랍과 사물함에 넣어야 하는 물건들을 분류하지 못해서 질문을 하기 시작했습니다. 정리를 도와주려고 사물함에 가니 나중에 등교하는 학생들은 무엇을 해야 할지 갈피를 잡지 못했습니다. 학생들의 질문 소리와 수다 소리가 섞이는 동시에 시업식 안내 방송 소리가 들렸고 재빠르게 학생들을 자리에 앉게 했지만 아침 시간부터 진이 다 빠졌습니다.

이후부터는 '짐 정리 하지 않기'를 칠판에 빨간색으로 적어두고 아침 시간에는 짐을 정리하지 않도록 하고 있습니다. 아침 시간에 짐 정리를 하다 보면 첫날 아침 시간부터 어수선해지는 상황이 생길 확률이 높아집니다. 마지막 교시에 짐을 정리하는 방법과 청소하는 방법을 같이 묶어서 지도하며 개학날 가져온 개인 짐은 모두가 동시에 정리합니다.

인사 방법 연습하기

별빛교실에서는 매일 아침과 하교할 때 총 두 번의 인사 시간을 가지면서 하루의 시작과 끝을 정돈합니다. 1교시 시작 15분 전에 아침 인사를 하고 전체 인사 후에 안내 사항을 이야기합니다. 하교 인사는 청소 시간이 끝나고 학생들이 하교하기 직전에 합니다. 전담 시간이나 외부 강사 시간에도 전체 인사를 하도록 합니다.

시업식이 끝난 이후에는 학생들의 이름을 한 명씩 호명하고 눈인사를 한 뒤에 별빛교실의 인사 방법을 가르쳐줍니다. 의자를 하나 꺼내서 바른 자세로 인사하는 방법에 대해 직접 시범을 보입니다. 처음에는 교사가 먼저 시범을 보이고 이후에는 학생들이 인사하는 방법을 연습합니다.

첫 만남의 긴장감이 있기 때문에 인사법을 연습할 때 바른 자세에 대해 언급하면 1학년~6학년 할 것 없이 굉장히 바른 자세로 인사를 연습합니다.

별빛교실 인사법

월요일~ 금요일 아침 인사

〈학급회장〉 전체 차렷

〈학생들〉 차렷

〈학급회장〉 (손을 배꼽에 모으며) 공수

〈학생들〉 (손을 배꼽에 모으며) 공수

〈학급회장〉 선생님께 인사

〈학생들〉 안녕하세요!

월요일~ 목요일 하교 인사

〈학급회장〉 전체 차렷

〈학생들〉 차렷

〈학급회장〉 (손을 배꼽에 모으며) 공수

〈학생들〉 (손을 배꼽에 모으며) 공수

〈학급회장〉 선생님께 인사

〈학생들〉 감사합니다!

금요일 하교 인사

〈학급회장〉 전체 차렷

〈학생들〉 차렷

〈학급회장〉 (하트를 자유롭게 만들며) 하트 준비

〈선생님, 학생들〉 (하트를 자유롭게 만들며) 하트 준비

〈학급회장〉 (하트를 자유롭게 만들며) 하트 발사

〈선생님, 학생들〉 사랑합니다!

인사에도 우리 반만의 특별함을 한 스푼 넣을 수 있습니다. 일주일을 보내고 금요일 마지막 하교 시간에는 "사랑합니다!"를 외치며 인사합니다. "오늘은 어떤 하트 만들래?" 하며 청소 시간부터 즐거워하고 갈수록 다양해지는 하트에 꺄르르 웃으며 우렁차게 인사를 하게 되는 금요일입니다. 러브액츄얼리의 스케치북 고백 장면이 교실에 재현되기도 합니다.

 저 또한 고된 일주일을 보냈어도 금요일 하트 인사를 하면서 보내는 학생들의 환한 표정에 결국 함께 웃으며 일주일을 마무리합니다.

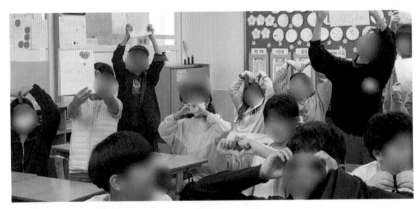

선생님 소개

✦

첫 만남은 설레지만 긴장감도 흐릅니다. 당연합니다. 낯선 공간, 처음 보는 선생님, 어색한 친구들 사이에서 긴장하는 학생들이 많습니다. 분위기를 풀 수 있도록 『학교 가기 싫은 선생님』을 함께 읽으며 첫 교시를 엽니다. 학교 가기 싫은 선생님이라니, 제목을 함께 읽으면 굳어있던 표정들이 사르르 풀어지기 시작합니다.

"이 그림책은 어떤 내용일까? 어제 잠은 잘 잤어? 선생님은 우리 반을 만날 생각에 콩닥콩닥했어. 너희들의 이름을 눈으로 여러 번 살펴보면서 이 학생은 어떤 학생일까? 하며 궁금해했지. 너희들은 어땠어? 오늘 아침 교실 문을 열기 전에 어떤 마음이 들었는지 말해 볼 사람?"

개학하면서 설렜던 마음과 긴장했던 마음들을 그림책을 통해 이야기 나눕니다. "저는 푹 잤어요!", "저는 떨려서 잠을 못 잤어요! 아침에도 엄청 빨리 일어났어요." 등 씩씩하게 발표하는 학생들 덕분에 다른 학생들도 "맞아 맞아, 나도 그랬어!" 하며 분위기가 풀어집니다. 책을 읽은 후에는 칠판에 제 이름을 크게 쓰고 함께 읽습니다. 눈을 감고 선생님의 이름을 외쳐보라고 합니다. "엄주란 선생님이요!" 제 이름을 외치는 소리가 교실에 가득 찹니다.

69

* **학교 가기 싫은 선생님**(박보람 지음, 한승우 그림, 노란상상)

선생님 이름에 익숙해졌다면 "자, 이제부터는 선생님 퀴즈!" 하며 퀴즈로 선생님 소개를 시작합니다. 퀴즈로 시작하는 선생님 소개는 즐거움을 안겨줍니다. 퀴즈 내용은 개인적인 정보보다는 학생들에게 하고 싶은 말이나 1년의 학급살이와 연결 지어 전달하고 싶은 내용을 위주로 준비합니다. 교사 소개 시간이 자연스럽게 학급 소개로 이어질 수 있습니다.

예시

선생님을 알아보자 OX 퀴즈

Q. 선생님은 글 쓰는 것을 좋아한다.

선생님은 글쓰기를 좋아해서 앞으로 여러분이 하는 많은 것들을 기록할 예정이에요. 여러분 또한 글쓰기의 재미를 알았으면 하고 올해 우리 반에서는 글 쓰는 활동도 많이 할 예정이랍니다. 첫 번째, 우리 반에서는 별빛도서부를 운영해요. 별빛도서부는 매달 학급 독서 행사를 주관하고 학교 도서관에서 친구들과 함께 읽었으면 하는 책들을 대출해오는 역할을 해요. 두 번째, 마음 글쓰기입니다. 마음 글쓰기는 하루 동안에 있었던 일이나 자신의 생각, 마음 등을 자유롭게 적는 글쓰기에요. 별빛교실 학생들은 매일 하교하기 전에 마음 글쓰기를 하고 갑니다. 세 번째, 별별이야기가 있어요. 별별이야기는 매주 금요일 아침 활동으로 하게 돼요. 별별이야기 담당이 주제를 정하면 주제에 대한 짧은 글쓰기를 하는 활동이에요.

이처럼 제 소개를 하면서 자연스럽게 한 해 동안 우리 반에서 하게 될 활동들을 이어서 설명합니다. 활동을 설명할 때는 말로 설명하는 것보다는 사진들을 보여주거나 관련된 물품들을 보여주면서 설명하면 더욱 좋습니다.

Q. 선생님은 이름 외우기의 신이다.

선생님은 이름 외우기를 정말 정말 못 해서 여러분의 도움이 필요해요. 선생님은 자세가 바르고(이때 모든 학생들이 자세를 바르게 합니다.) 선생님을 예쁜 눈으로 바라보는 ○○처럼(자세가 제일 좋은 학생 지목) 칭찬을 많이 하게 되는 학생들의 이름을 쉽게 외워요.

이 문제부터 학생들이 자세를 바르게 고치는데 선생님 소개를 하면서 중간중간 바른 태도를 지닌 학생의 이름을 불러주면 효과가 정말 좋습니다.

간단한 퀴즈 이후에는 '선생님이 좋아하는 어린이/싫어하는 어린이'에 대해 이야기합니다. 교사가 추구하는 학생상을 학생들에게 안내하는 시간입니다.

"선생님은 어떤 어린이를 좋아할까?"

"예의 바른 어린이요! 수업 시간에 열심히 듣는 어린이요!"

학생들에게 질문하면 금세 정답이 나옵니다. 학생들과 충분히 대화를 나누며 학교생활을 하는 바른 태도에 대해 이야기 나눕니다.

좋아하는
어린이

· 함께 하는 어린이
· 자신이 맡은 일을 열심히 하는 어린이
· 인사를 잘하는 어린이
· 경청을 잘하는 어린이

개학 아침 시간에 학생들을 유심히 관찰해서 인사를 잘하는 어린이 또는 바른 자세로 잘 듣고 있는 학생들의 이름을 불러가며 예시로 들어주면 좋습니다.

싫어하는
어린이

· 나만 소중한 어린이
· 예의 없는 어린이
· 거짓말하는 어린이
· 많은 사람들이 듣기 불편한 언어 습관을 갖고 있는 어린이

싫어하는 어린이에 대한 이야기를 나눌 때는 학교 상황 속에서 일어나는 상황들에 대한 예시를 구체적으로 들어주면 더욱 좋습니다.

별빛교실 소개

　교사 소개가 끝난 뒤에는 별빛교실을 소개하는 시간을 갖습니다. 학급을 소개할 때는 학급 현황, 학급 특색 활동, 집중신호, 기본 규칙, 학급 일과 등을 안내합니다. 학급 특색 활동에 대해서는 이전 학년에서 했던 활동 사진들을 보여주며 설명하면 더욱 좋습니다. 세부적인 내용은 학교생활을 하면서 차근차근 배우지만 우리 학급에 대해 전반적인 것들을 파악할 수 있도록 첫날에 안내하고 있습니다.

　학급에 대한 소개가 끝나면 교실을 둘러보며 공간 구성에 대해 설명을 합니다. 책 읽는 공간, 놀이 공간, 간단한 학용품을 빌릴 수 있는 공간, 주인이 없는 물건은 어디에 넣는지 등 교사 자리에서부터 시작해서 교실을 한 바퀴 돌며 설명합니다.

집중신호

첫날에는 우리 반 집중신호를 약속하고 연습합니다. 수업 시간에 기계적으로 반복하는 집중신호를 좋아하는 편은 아니지만 전체 학생들을 집중하게 할 때 집중신호는 유용하게 사용됩니다. 집중신호를 할 때 강조할 점은 하던 행동을 멈추고 선생님 바라보기입니다.

01
종

종소리는 교실에서 가장 많이 쓰는 집중신호입니다. 소리가 크지 않으면서도 모두의 귀에 또렷하게 들리고 소리가 짧지만 큰 효과를 볼 수 있습니다. 학생들이 수업 활동에 빠져서 교사의 목소리가 들리지 않을 때가 있는데 교사의 목소리로 집중신호를 시작하는 것보다 훨씬 전달력이 좋습니다. 교사가 종을 한 번 치면 하던 행동을 멈추고 선생님을 보는 것을 약속합니다. 처음 연습할 때는 교사가 "하던 걸 멈추고"라고 말하면 학생들이 "선생님을 바라본다."라고 대답하며 교사에게 시선을 맞추며 집중하도록 합니다. 한 번에 집중이 되지 않을 때 한 번 더 종을 치고(2회) 그래도 집중이 되지 않을 때 한 번 더 치는데(3회) 이때는 모두 "얼음!"으로 아무도 움직일 수 없습니다.

종 신호를 안내한 뒤에는 일부러 떠드는 척하다가 종소리를 듣고 집중하는 연습을 합니다. "너희들은 지금 소란스러운 상태야. 시~작!" 하고 말하면 머뭇거리다가 이내 웃으며 목소리가 점점 커집니다. 학생들의 목소리가 점점 커졌을 때 종을 칩니다. 첫날이기 때문에 종소리 1번에 바로 집중합니다. 두 번 치기 전에는 특정 학생 몇 명에게 이어서 떠드는 척을 해 달라고 말하면 학생들이 웃으며 아무 말이나 하기 시작하는데 목소리가 커지기 시작할 때 다시 종을 칩니다. 이처럼 종소리를 듣고 교사의 말에 경청하는 연습을 3번 정도 반복하면 충분히 익숙해집니다.

종을 짧게 3번 치는 경우는 자신의 자리로 돌아온다는 의미입니다. 쉬는 시간이 거의 끝나갈 때나 학생들이 이동하는 수업을 할 때 등 학생의 자리에 앉도록 할 때 사용합니다. 마찬가지로 학생들이 전부 일어난 채로 돌아다니다가 종소리를 듣고 자리에 앉는 연습을 합니다. 집중신호를 연습하는 시간인데 돌아다니는 것이 놀이 같은지 학생들의 표정에 웃음이 가득합니다.

구두 집중 신호 약속하기

별빛교실에서 집중신호는 대부분 종소리로 이루어지기 때문에 구두로 하는 집중신호는 별로 사용하지 않지만 첫날에는 학생들과 교실에서 사용할 수 있는 모든 집중신호를 연습합니다. 교실에서 사용하는 대표적인 구두 집중신호는 다음과 같습니다.

- **(선생님) ○학년~ / (학생) ○반**

  가장 대중적인 구두 집중신호입니다. 교사가 학년을 말하면 학생들은 자신의 반을 말합니다. 대부분의 교실에서 사용하는 문구라서 우리 반뿐만 아니라 다른 반과 함께 있을 때도 유용하게 활용합니다.

- **(선생님) 선생님을 보세요 / (학생) 선!**

  이 집중신호의 경우 "티비를 보세요", "○○이를 보세요" 등을 변형하여 연습합니다. 학생들의 대답은 교사의 말 첫 글자가 됩니다.

- **(선생님) 집중의 박수를 / (학생) 짝짝짝(손 무릎)**

  집중신호로 교사를 바라봐도 손이 책상 위에 있으면 금세 집중력이 흐트러집니다. 집중신호의 마지막 자세는 항상 손을 무릎에 두는 것을 강조합니다. 박수를 치는 것은 손을 무릎에 두게 하기 위해서입니다. 학생들의 박수가 끝날 때 "무릎~"을 말해주면 효과가 더욱 좋습니다.

- **(선생님) 박수 ○번 시작 / (학생) 짝짝짝**

  박수로 집중을 할 때는 손으로 나타내는 숫자와 말하는 숫자를 다르게 합니다. "선생님 손을 잘 봐~" 하고 집중 박수를 연습합니다. 교사가 말하는 숫자와 박수를 쳐야 하는 숫자가 다르기 때문에 학생들은 자연스럽게 교사를 바라보게 되고, 박수를 치면서 마지막 자세에서는 손을 무릎에 두게 됩니다. 보통 3번 정도 연습하는데 마지막은 손가락을 한 개만 피고 아주 천천히 "박수 3번 시~작~" 하고 "짝!" 한 번 치는 것을 연습합니다. 마지막 박수를 성공하면 환호가, 실패하면 웃음이 흘러 나옵니다.

• (선생님) 바 른 자 세 / (학생) (머리)바 (어깨)른 (손 무릎)자세

　바른 자세는 저학년을 맡을 때 사용하는 집중 구호입니다. 저학년은 눈은 교사를 향해도 앞에 있는 물건들을 만지작거리며 주의가 분산되는 학생들이 꽤 많습니다. 집중 구호를 잘 따라오지 못하는 학생들도 대다수입니다. 저학년인 경우에는 신체를 활용한 집중신호를 추천드립니다. 교사의 말에 집중할 때 손을 무릎에 두는 연습을 반복해서 할 수 있고 친구들의 우렁찬 목소리로 집중해야 하는 분위기를 눈치챌 수 있습니다.

　저학년 학생들과는 '거미가 줄을 타고 올라갑니다' 노래를 부르며 집중시키기도 했습니다. 손동작과 함께 노래를 부르는데 "거미가 줄을 타고 올라갑니다" 부분에서는 목소리를 점점 높이다가 "거미가 줄을 타고 내려옵니다"에서는 목소리를 점점 작게 하면서 손을 무릎에 두고 선생님을 바라봅니다.

집중
신호

1. 종 소리
(1회) 집중 (2회) 집중 (3회) 얼음!
(빠르게 3회) 자리에 앉기

2. 구두 집중 약속
• (선생님) ○학년~ / (학생) ○반
• (선생님) 선생님을 보세요 / (학생) 선!
• (선생님) 집중의 박수를 / (학생) 짝짝짝(손 무릎)
• (선생님) 박수 ○번 시작 / (학생) 짝짝짝
• (선생님) 바른자세 / (학생) (머리)바 (어깨)른 (손 무릎)자세

너와 내가 함께 반짝이는 별빛교실

우리 반 규칙 세우기

01
학생들이 만드는 학급 규칙

   우리 반을 세우는 것은 학생들이 스스로 학급의 규칙을 만드는 것으로 시작합니다. 보통 3월 1주 2일 차에 학급 규칙 만들기를 합니다. 학급 규칙을 만들고 지키는 일은 학생들이 학급 구성원으로서 책임감을 지닌다는 의미입니다.

   학생들은 우리 반에서 바르게 행동하기 위한 규칙들을 함께 고민하고 의견을 나눕니다. 교사가 지도하는 기본적인 규칙도 있지만 학생들이 스스로 필요한 규칙들을 만들고 결정하는 과정을 통해 안정감 있는 학급 분위기를 세울 수 있습니다. 올해 우리 반이 어떤 반이 되면 좋을지에 대해 고민하고 오는 것이 한 해의 첫 번째 숙제입니다. 자신이 원하는 우리 반의 모습을 그려 보고 친구들과 공유하고 협의하면서 학급 규칙은 자연스럽게 만들어집니다.

1. 규칙이 필요한 이유 생각하기

"나라에 법이 없다면 어떻게 될까?"
   학급의 규칙을 만들기 전에 학생들에게 질문을 던집니다.

"법이 없으면 도둑질을 하는 사람이 많아져요."
"무단횡단을 해서 사고가 많이 나요."
저마다 신이 나서 대답을 합니다.

학생들에게 다시 질문합니다.
"그렇다면 교실에 규칙이 없다면 어떻게 될까?"
"교실에 교칙이 없으면 떠드는 친구들이 많아져서 수업을 할 수 없어요."
"교실에서 공놀이를 하다가 다른 사람이 다칠 수도 있어요."
"교실에서 모두가 뛰어다녀요."
"수업 들으면서 음식을 먹어요!"

장난기 가득한 얼굴로 손을 드는 학생들이 점점 많아지면서 규칙이 없을 때 생기는 여러 가지 문제점들이 다양하게 나옵니다. 학급에 규칙이 필요한 이유에 대해 충분히 이야기를 나누며 규칙의 중요성을 자연스럽게 깨닫습니다. 안전하고 즐거운 학교생활을 위해 우리 반의 울타리가 되어줄 규칙이 필요하다는 것을 인지하는 시간이 필요합니다.

2. 우리 반 목표 세우기

학생들의 대답을 토대로 규칙의 필요성을 이끌어 냈다면 올해 우리 반이 어떤 반이 되었으면 하는지를 이야기하는 시간을 갖습니다. 자신이 생각한 내용을 바탕으로 한 해 동안 우리 반에서 빛났으면 하는 가치를 한 가지 적어봅니다. 학생들이 참고할 수 있는 예시를 화면에 보여주면 더욱 좋습니다.

행복, 협동, 성실함, 존중 등 한 가지 가치를 정했다면 씽킹보드(작은 자석칠판)에 적습니다. 씽킹보드가 아닌 포스트잇으로 활동을 진행한 적이 있었는데 학생들의 글씨가 보이지 않아 학생 주도가 아닌 교사 주도의 활

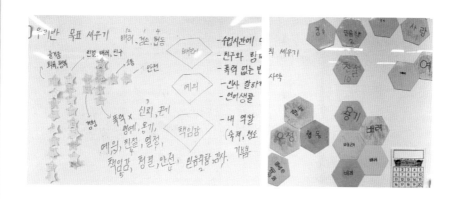

동이 되었습니다. 학급의 학생들이 모두 볼 수 있는 도구를 사용하는 것을 추천드립니다. 글씨는 뒤에 앉아 있는 친구들이 볼 수 있을 정도로 크고 또박또박하게 적습니다. 다 적은 학생은 칠판에 붙이는데 이때 미리 붙인 친구들의 내용을 살펴보면서 비슷한 가치끼리는 가까이 붙입니다.

모든 학생들이 다 붙였다면 가장 많이 나온 가치를 고르고 애매한 경우에는 학생들이 적은 단어들을 아우를 수 있는 가치가 무엇일지 함께 이야기 나누며 우리 반에서 중요하게 여길 가치를 3개 고릅니다. 이렇게 고른 가치들은 우리 반 목표를 잡을 때 큰 틀이 됩니다.

3. 우리 반 규칙 정하기

3개의 가치를 골랐다면 이 가치를 실현하기 위해서 우리 반에서 필요한 규칙들을 모둠 친구들과 협의해서 만듭니다.

1. 규칙은 구체적일 것. 2. 체벌이 들어가지 않을 것.

두 가지를 안내하고 규칙을 만들도록 합니다. 학급 규칙에 체벌이 들어가는 경우 체벌에만 집중이 되고 긍정적인 행동 변화를 이끌어 내는 것이 어렵습니다.

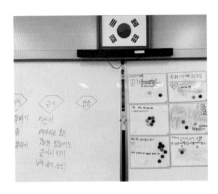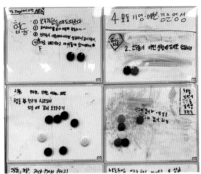

　　먼저 그 가치가 빛나기 위해 필요한 규칙을 고민해보고 한 명씩 돌아가면서 자신의 생각을 말합니다. 이후에 모둠 친구들과 조율하며 우리 반에 필요한 규칙을 만듭니다. 이때 모둠에서 정하는 규칙은 다수결로 정해도 좋고 친구들의 의견을 합쳐서 새로운 의견을 만들어도 좋습니다. 학급에서 하는 첫 모둠 활동이기 때문에 모둠 친구들과 의견 조율하는 방법에 대해서도 지도할 수 있습니다.

　　주어진 시간 동안 의견을 조율해서 규칙을 만들었으면 모둠 칠판에 내용을 적고 칠판에 붙입니다. 보통 모둠 칠판에 글씨를 작게 쓰기 때문에 교사는 학생들이 적은 글을 화면에 따라 적어서 모든 학생들이 읽기 쉽게 정리합니다.

　　이제는 각각의 모둠이 만든 규칙들을 보며 우리 반이 다 같이 규칙을 수정하는 시간입니다. 학생들은 규칙을 읽고 수정할 부분이 있다면 의견과 근거를 발표합니다. 과반수의 학생이 찬성한다면 규칙을 수정합니다. 마지막으로 문맥을 살피며 어색한 부분을 다듬고 우리 반의 최종 규칙을 정합니다.

4. 우리 반 슬로건 만들기

규칙을 만들었다면 교실에 게시할 차례입니다. 규칙을 만들고 일회성으로 끝나는 것이 아니라 모두가 함께 만든 규칙을 일상 속에서 수시로 볼 수 있게 합니다. 함께 만든 학급 규칙은 슬로건 사이에 적습니다.

슬로건: (가치)(규칙), (가치)(규칙), (가치)(규칙)이 반짝이는 별빛교실

학생 수에 따라 글자를 맡는 인원을 조정합니다. 중요한 건 슬로건을 만드는 활동에 모든 학생이 참여한다는 것입니다. 보통 학생 1명이 1글자를 맡아서 슬로건을 꾸미는데 바탕은 색칠하지 않는 것을 추천합니다. 바탕을 색칠하는 경우 글씨가 묻혀서 무슨 글자인지 파악하기 어려워지는 경우가 많습니다.

학생들이 만든 규칙은 학생들의 눈길에 닿는 곳에 1년 동안 게시합니다. 자주 보이는 곳에 슬로건을 게시하면 학생들이 교실을 오고 가며 눈에 담고 약속한 규칙을 확인할 수 있습니다. 학급의 규칙을 강조하고 싶은 날에는 함께 읽기도 합니다.

교사가 안내하는 학급 규칙

학생들이 직접 정한 규칙 외에 교사가 안내하는 규칙들도 있습니다. 학급을 운영하면서 꼭 필요하다고 생각했던 규칙들을 개학 날에 안내하고 일관성 있게 지도합니다. 어쩌면 기본적인 것들이라 지도가 불필요하다고 생각할 수 있지만 오히려 기본적인 것들이기 때문에 필수적으로 지도해야 하는 부분입니다. 교실 내에서 학생들이 꼭 지켜야 하는 약속이 사전에 안내되면 교사가 말하지 않아도 학생들이 서로의 행동을 점검합니다. 특정 상황이 생기는 순간마다 지도하는 것보다는 개학하는 날부터 전체적으로 안내한 뒤 꾸준히 지도하는 것이 효과가 좋습니다.

학급의 규칙이 지켜지기 위해서는 교사의 일관성 있는 태도가 중요합니다. 교사가 규칙이 지켜지지 않는 상황을 순간적으로 허용하고 넘어가면 그 순간을 놓치지 않고 비슷한 상황에서 "저번에는 괜찮다고 했는데요?"라는 말이 나오면서 순식간에 우리 반의 규칙들이 무너져 내립니다. 교사는 학급의 규칙을 일관성 있게 적용하고 학생들이 잘 지킬 수 있도록 꾸준히 지도해야 합니다.

**수업
시간**

1. 수업 시간에는 이동하지 않기

수업 시간에는 교육활동을 하며 교사가 의도할 때를 제외하고는 학생이 개인적으로 움직이는 일이 없도록 합니다. 수업 시간에 이동하는 학생이 생기면 다른 학생들의 시선이 그쪽으로 분산되고 수업의 흐름이 끊깁니다.

수업을 하는 도중에 사물함에 가지 않도록 수업 이전에 필요한 준비물들은 모두 준비합니다. 다음 시간 공부할 문제를 칠판에 적으면서 수업에 필요한 준비물도 같이 적어둡니다. 준비물 그림 일러스트를 인쇄해서 코팅한 뒤에 자석을 붙여 활용하면 편합니다. 학생들은 칠판에 적힌 준비물들을 보고 수업을 준비합니다.

학년 초에는 학생 수에 맞춰서 작은 에코백을 학습 준비물로 구입합니다. 작은 에코백 안에 색연필, 사인펜, 가위, 풀, 씽킹보드, 보드마카 등 수업 시간에 자주 사용하는 학습 준비물들을 넣고 늘 책상 옆 고리에 매달아두면 수업 시간 동선을 줄일 수 있습니다.

연필은 쉬는 시간에 깎아서 준비하고 수업 시간에 만들기 활동을 하면서 쓰레기가 생길 때도 이동하지 않습니다. 쓰레기가 생기면 책상 구석에 모아놓았다가 동시에 버리거나 미리 활동을 끝낸 학생부터 쓰레기를 버립니다.

2. 화장실을 가고 싶은 경우에는 손가락 3개 들기

학생들이 수업에 열정적으로 참여하면서 발표를 하던 때였습니다. 한 학생이 발언권을 얻었고 모두가 바른 자세로 경청을 하고 있는데 학생의 입에서 나온 말은 "저 화장실 갈게요!"였습니다. 순간 모두의 맥이 풀렸습니다.

화장실은 쉬는 시간에 다녀오는 것으로 약속합니다. 하지만 수업 시간인데 부득이하게 화장실이 급한 경우가 생길 수 있습니다. 그럴 때는 "선생님, 화장실 가고 싶어요!" 하고 말하는 것이 아니라 손가락을 3개 드는 것으로 화장실에 가고 싶다는 의사를 표현합니다.

교사와 눈을 맞추고 허락을 받으면 다른 학생의 수업이 방해되지 않는 선에서 화장실을 조용히 다녀옵니다.

3. 수업 중 말하고 싶을 때는 손을 들어 발언권을 얻은 뒤 말하기

수업 중에 하고 싶은 말이 있거나 질문이 생길 때는 꼭 발언권을 얻고 말합니다. 수업 내용 속에서 관련된 경험을 교사의 말과 동시에 말하는 학생, 발표하는 학생의 말에 덧붙이는 말을 하는 학생, 멀리 앉아 있는데 큰 목소리로 서로 대화하는 학생들을 모두 허용하면 교실은 아수라장이 되어버립니다. 발표 시간에도 앉아서 말하는 학생의 말을 허용하고 넘어가버리면 손을 들어서 기다리고 있던 학생들도 다음부터는 앉아서 자신이 하고 싶은 말을 합니다. 수업 시간에 하고 싶은 말이 생기면 무조건 손을 들어 발표합니다. 중요한 것은 발언권을 얻고 말하는 것입니다.

질문할 때도 마찬가지입니다. 활동을 안내하다 보면 교사의 말이 끝나기도 전에 앉아서 궁금한 것을 바로 물어보는 학생들이 있습니다. 교사의 말을 끝까지 듣지 않아 생기는 질문이 대부분입니다.

질문을 하는 경우에는 꼭 교사의 설명을 다 듣고 발언권을 얻어 말합니다. 설명을 하고 난 뒤에는 꼭 "질문 있는 사람?" 하고 묻는 것도 잊지 않습니다. 수업 시간에 주어진 활동을 하다가 질문이 생기면 교사가 있는 쪽으로 나와 질문하는 학생들이 있습니다. 구체적 조작 활동을 할 때 더욱 그렇습니다. 분위기가 어수선해지지 않도록 앞에 나와서 질문하는 것이 아니라 손을 들면 교사가 가서 도움을 줍니다. 다른 학생들이 활동하고 있기 때문에 질문하는 목소리는 작게 합니다.

4. 음악 소리보다 작은 목소리로 활동하기

그리기, 만들기 등 개인 활동을 하는데 학생들의 목소리가 커질 때는 음악을 틀어주고 있습니다. 가사가 있는 노래보다는 멜로디만 있는 음악을 틀어줍니다. 가사가 있는 노래는 학생들의 수업 집중도를 오히려 낮출 수 있습니다.

활동 중에 선생님이 음악을 트는 것은 혼자 해야 하는 활동인데 우리 반 목소리가 크다는 것을 의미하는 것을 학생들이 알고 있고 음악 소리보다 목소리를 작게 내야 한다는 규칙이 있기 때문에 교실이 소란스럽다가도 음악 소리가 나오면 조용하게 자신의 활동에 집중하는 교실 분위기가 조성됩니다.

5. 교구가 주어졌을 때 미리 만지지 않기

학년 초에 교구와 장난감의 차이점에 대해 알려줍니다. 교구는 수업 활동에 도움을 주지만 교구를 장난감으로 사용하게 되면 교구의 역할이 무의미해짐을 학생들이 인지하도록 안내합니다.

교구가 주어지면 학생들의 눈길과 손길이 가기 마련입니다. 하지만 교사의 안내 없이는 교구를 미리 만지지 않는 것을 꾸준히 연습하다 보면 점차 인내심이 길러지는 모습이 보입니다. 학생들은 교구를 받으면 책상 위에 가지런히 정리하고 바른 자세로 교사의 안내를 기다립니다.

1. 가위는 조심히 사용하기

가위를 활용하는 수업에서 가위를 갖고 위험하게 장난치는 학생들을 매번 마주합니다. 가위를 사용하는 수업 시간에는 늘 안전 지도부터 합니다. 가위를 공중에 휘두르지 않고 날이 있는 부분이 친구를 향하지 않게 주의하는 것을 약속합니다. 가위를 사용하지 않을 때는 꼭 책상 위에 둡니다. 가위질을 할 때는 서로에게 대화하지 않는 것도 약속합니다. 만들기 활동을 하면서 가위질을 할 때가 되면 "가위를 사용할 때는 안전을 위해 서로에게 말 걸지 않고 조용히 집중해서 잘라야 해." 하며 일부러 음악 소리도 끕니다.

2. 비가 온 날에는 밖에 나가서 놀지 않기

비가 온 날에는 쉬는 시간마다 운동장에 나가서 놀아도 되냐는 단골 질문을 받습니다. 하지만 비가 그쳐도 운동장에 물웅덩이가 있는 경우에는 운동장에 나가지 않게 하고 있습니다. 물웅덩이가 있거나 운동장 놀이 시설에 물기가 남아 있는 경우 미끄러져서 다치는 학생들이 종종 있습니다.

3. 의자 흔들지 않기

자리에 앉아 의자를 앞뒤로 흔드는 학생들이 해마다 보입니다. 의자를 흔들다가 뒤로 넘어지면 머리에 가장 먼저 충격이 가기 때문에 의자를 흔드는 상황이 보이면 즉시 제지합니다. 의자에 바른 자세로 앉는 것을 수시로 지도해야 합니다.

4. 학교 내에서 뛰어다니지 않기

교내에서 뛰어다니다가 다치는 경우가 종종 있습니다. 학교 내에서 뛰어다닐 수 있는 장소는 체육관을 제외하고 없다는 것을 생활 속에서 자주 이야기합니다. 복도, 교실 내에서는 뛰지 않고 걷도록 수시로 지도합니다.

1. 교실 앞문 사용하지 않기

교실의 앞문은 교사 외에는 사용하지 않습니다. 수업 시간에는 학생들의 시선이 늘 앞을 향해 있어서 앞문을 사용하는 학생이 있으면 주의가 분산되기 때문입니다. 수업 시간, 쉬는 시간을 구분해서 앞문을 사용하게 해도 등교를 늦게 하는 경우, 화장실을 가는 경우 등 학생들이 습관적으로 앞문을 사용하는 경우가 생깁니다. 준비물을 옮길 때를 제외하고는 칠판이 있는 쪽 앞문은 사용하지 않도록 습관화하고 있습니다.

2. 단톡방 만들지 않기

초등학교에서는 학교폭력의 대부분이 SNS에서 이루어집니다. 갈등이 생기는 경우도 마찬가지입니다. 학년 초에 우리 반은 단톡방을 하지 않는다며 "선생님이 왜 단톡방을 금지하는 걸까?" 하고 학생들에게 묻습니다.

"단톡방에 없는 친구들이 소외감을 느낄 수 있어요.", "단톡방에 없는 친구들의 이야기를 할 때도 있어요.", "직접 보면서 이야기할 때보다 오해가 생길 수 있어요." 등 학생들이 단톡방의 문제점들을 스스로 찾아냅니다.

학생들이 단톡방을 금지하는 것에 대해 납득할 수 있을 정도로 충분히 이야기를 나눈 이후에는 친구와 하고 싶은 이야기가 있다면 되도록 대면으로 하고 어려운 경우에는 개인 연락만 하도록 지도하고 있습니다. 단톡방이 가능한 경우는 보호자가 함께 단톡방에 들어있을 때이며 모둠 과제로 단톡방을 만드는 경우에는 해당 기간이 끝난 후 단톡방을 나갈 것을 약속합니다. 학년 초에는 학부모에게도 단톡방에 대한 이야기를 공지하며 생활 속에서 SNS를 바르게 활용할 수 있도록 가정에서도 신경을 써서 지도를 부탁하고 있습니다.

학생들이 만드는 학급 규칙

1. 규칙이 필요한 이유 생각하기

2. 우리 반 목표 세우기

3. 우리 반 규칙 정하기

4. 우리 반 슬로건 만들기

교사가 안내하는 학급 규칙

1. 수업 시간에는 이동하지 않기

2. 화장실을 가고 싶은 경우에는 손가락 3개 들기

3. 수업 중 말하고 싶을 때는 손을 들어 발언권을 얻은 뒤 말하기

4. 활동을 하는 경우 음악 소리보다 작은 목소리로 활동하기

5. 교구가 주어졌을 때 미리 만지지 않기

6. 가위는 선생님의 허락 없이 만지지 않기

7. 비가 온 날에는 밖에 나가서 놀지 않기

8. 교실 앞문 사용하지 않기

9. 단톡방 금지

10. 귀중품, 장난감, 간식 가져오지 않기

우리 반 로고 만들기

"이번 시간에는 우리 반 로고를 만들어 보겠습니다!"

말 한마디에 학생들이 술렁이다가 "와!!" 하고 환호합니다. 3월 1주에는 한 해 동안 우리 반의 상징이 될 로고를 만듭니다. 아직 어색한 친구들과 선생님이지만 별빛교실이라는 하나의 이름 아래에서 소속감을 느끼는 첫 번째 활동이 됩니다.

01
로고의 의미 알기

우선 로고에 대해 알기 위해서 자신이 알고 있는 로고를 발표하는 시간을 갖습니다. 로고가 무엇인지 정확하게 인지하지 못하던 학생들도 친구들의 예시에 "아~!" 하고 손을 번쩍 듭니다. 로고에 대해 파악했다면 이제는 우리 반에서 보이는 로고를 찾아봅니다. 아침 시간에 갖고 온 우유, 선생님 자리에 있는 컴퓨터, 자신이 입고 온 옷, 가방 속에 있는 핸드폰 등에서 여러 가지 로고를 너도나도 빠르게 찾아냅니다. 어떤 로고가 눈에 띄는지 살펴보면 이후에 로고를 디자인할 때 참고가 됩니다. 생활 속에 보이는 로고를 찾아본 이후에는 로고의 사전적 의미를 함께 읽습니다.

(02)

우리 반 로고 디자인하기

로고의 의미를 알았다면 이제는 로고를 만들어 볼 시간입니다. 로고를 디자인할 때 고려해야 할 점을 같이 고민하는 시간이 필요합니다. 첫해에 아래의 질문들을 하지 않은 채 로고를 디자인하고 선택하니 우리 반을 담은 로고보다는 예쁜 캐릭터 디자인이 선택된 적이 있었습니다. 로고의 상징성이나 단순성 없이 미술 기술이 화려한 로고가 뽑혀서 다른 학생들이 쉽게 따라 그리지 못하는 로고를 한 해 동안 사용했습니다. 예쁘기는 했지만 모두가 사용하기에는 불편한 디자인이었습니다. 이후부터는 로고의 단순성과 명료성을 강조하며 로고를 디자인하도록 안내하고 있습니다. 우리 반만의 특별함을 담되 모두가 쉽게 그릴 수 있도록 디자인합니다.

1. 우리 반만의 특별함이 담겨 있는가?
2. 우리 반 모두가 따라 그리기 쉬운가?
3. 기억하기 쉬운가?

03
로고 정하기

디자인을 끝냈다면 이제는 교실을 돌아다니며 친구들이 그린 로고들을 살펴봅니다. 모든 디자인을 살펴본 뒤에 마음에 드는 디자인을 선택해서 스티커를 붙이고 자신의 자리로 돌아옵니다. 로고를 선택할 때는 디자인할 때 고려했던 기준들을 상기하고 친구가 쓴 로고에 담긴 의미를 읽으며 결정합니다.

투표가 끝나면 최다 득표를 한 로고를 우리 반의 로고로 선정합니다. 가장 많은 스티커를 받은 학생은 교실 앞으로 나와서 자신이 만든 로고에 대해 친구들에게 설명합니다. 그림과 색에 담긴 의미 등을 들어보면 깊은 고민이 담긴 디자인이라는 것이 느껴집니다.

우리 반 로고로 뽑힌 디자인은 학급 어플과 교실 뒤 게시판에 1주일 동안 게시하며 학생들의 눈에 익숙해지게 합니다.

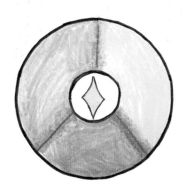

로고 활용하기

로고는 로고 만들기 활동에서 끝내는 것이 아니라 1년 동안 여러 방면에서 활용합니다. 에코백에 우리 반 로고 그리기, 우리 반 열쇠고리 만들어서 가방이나 필통에 달기, 로고를 스캔하여 학급티 만들기, 학습지 만들기 등 로고를 활용하는 방법은 무궁무진합니다. 학급 어플 속 학급 사진, 교사의 프로필 사진도 학급 로고로 바꿔서 사용합니다. 학급 어플에서 교사가 글을 쓸 때마다 우리 반의 로고가 보입니다.

학급의 로고는 우리 반만의 소속감을 높입니다. 로고를 디자인한 학생의 자부심이 높아지는 것은 덤입니다.

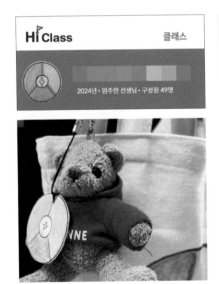

1인 1역할

01

1인 1역할을 하는 이유

1인 1역할을 정해서 학급을 꾸리는 것은 정말 많은 장점들이 있습니다.

첫 번째, 학생들의 책임감을 길러줍니다. 학생들은 학급에서 자신이 맡은 역할을 하며 보람을 느낍니다. 학부모와 상담을 하다가 "엄마, 나 이번에 우유 당번 맡아서 빨리 등교해야 돼! 나 없으면 친구들이 우유 못 마셔."라고 말하며 스스로 일찍 일어난다는 이야기를 듣고 함께 웃었던 기억이 납니다. 작은 역할이지만 학생들은 자신의 맡은 역할을 통해 학급에 자신이 꼭 필요한 존재임을 알고 소속감과 자부심, 보람까지 느낍니다.

두 번째, 교실 자동화가 이루어집니다. 학급에서는 일상적으로 해야 할 일들이 무수히 많습니다. 2교시 수학 수업 준비를 예로 들어보겠습니다. 1교시가 끝난 뒤 칠판 담당은 판서를 깨끗하게 지우고 수학 시간 쪽수를 칠판에 적어놓습니다. 다했어요 담당은 [다했어요] 판에 올라가 있는 자석들을 정리하고 오늘 할 수학 익힘 쪽수를 확인해서 제목에 적어둡니다. 교사는 공부할 문제를 적고 수업 자료를 점검하며 수업을 준비합니다. 쉬는 시간에는 제출된 것들을 채점하고 바구니에 넣어두면 집배원들이 바구니를 확인하고 친구들에게 나눠줍니다. 학급의 일을 분배해서 맡으면 교사가 말하지 않아도 학생들이 스스로 자신의 역할을 하며 학급 운영이 자연스럽게 이루어집니다. 학생들이 하는 것보다 교사가 하는 것이 빠르지만 교사가 학급의 사소한 일들을 모두 챙기기에는 한계가 있습니다. 학생들이 학급의 일을 나눠서 하니 교사가 학급에서 맡는 일들도 경감되어 수업, 학생 상담 등에 더욱 집중할 수 있습니다.

세 번째, 학생들의 관계에도 도움이 됩니다. 1인 1역할을 뽑기 전에는 학생들과 1인 1역할의 의미에 대해 같이 이야기 나누는 시간을 갖습니다. 역할을 담당하는 학생은 우리 모두가 해야 할 일을 나눠서 대표로 도와주는 학생이지 그 학생만 도맡아 하는 일이 아님을 설명합니다. 학급의 일이 공동의 일임을 인식하지 않으면 자신이 할 수 있는 일인데도 다른 학생의 역할이라며 해당 학생을 찾는 경우가 있었습니다.

학급에서 필요한 일들은 공동의 일임을 알고 모두가 함께 해야 할 일을 인지하면 시간표를 깜빡한 친구 대신 방과 후에 시간이 여유로운 학생이 내일의 시간표를 채워주기도 하고, 나눠줄 과제물들이 많으면 너 나 할 것 없이 함께 분담해서 나눠주기도 합니다. 자신의 역할을 도와주는 친구에게 고마움을 느끼고 도움을 받은 학생은 이후에 다른 친구의 역할을 도와주는 선순환의 모습을 볼 수 있습니다.

1인 1역할 정하는 방법

매달 말에는 1인 1역할을 정하는 시간을 갖습니다. 먼저 이번 달 1인 1역할을 돌아보면서 학급에 필요한 역할과 불필요한 역할에 대해 의견을 나눕니다. 자연스럽게 학급 회의로 이어집니다. 사회자는 학급어린이회장이 맡고, 기록자는 희망자 중 한 명이 맡습니다. 매달 말에는 해야 하는 일들이 많아 시간이 충분하지 않을 때는 교사가 기록자가 되어 학생들의 의견을 화면에 실시간으로 띄워서 회의를 하기도 합니다. 이번 달 역할들을 살펴보며 변경이 필요한 경우 발언권을 얻어 자신의 의견과 이유를 말합니다. 과반수가 넘는 학생들이 동의한다면 그 역할은 삭제됩니다. 추가적으로 필요한 역할을 만들 때도 같은 과정을 반복합니다. 지난 달에 없어졌지만 이번 달을 지내보니 필요하다고 생각이 드는 역할이 있을 때도 회의를 통해 결정합니다.

다음 달 학급에 필요한 역할들이 정해졌다면 이제는 누가 어떤 역할을 맡을지 정하는 시간입니다. 역할을 하나씩 부르며 희망자를 받고 중복되는 경우에는 가위바위보로 정합니다. 지난 달에 했던 역할을 또 하는 경우도 있고 가위바위보에서 졌다면 다른 역할을 새롭게 맡아서 해보기도 합니다. 자신이 했던 역할을 다음 달에 할 친구에게 역할에 대한 꿀팁을 적어 전달하는 것도 즐거운 활동이 되었습니다. 역할이 정해졌다면 1인 1역할이 우리 반 공동의 일을 분담해 해당 학생이 도와주는 것이지 도맡아 하는 것이 아니라는 것을 강조하며 서로 돕는 반이 될 것을 약속합니다.

이제까지 1인 1역할을 하면서 괜찮았던 역할들을 소개합니다. 1인 1역할을 정할 때 역할의 이름은 학생들과 재미있는 이름으로 정하는 것도 좋고 직관적인 이름을 정해도 좋습니다.

우유 배달원
급식실에서 우유 갖고 와서 나눠주기, 점심 시간에 우유 갖고 가기

시간표 지킴이
다음 날 시간표 칠판에 붙이기, 칠판에 주간학습안내 게시하기

에너지 지킴이
이동 수업 시 교실 불 끄고 켜기

쓰레기통 지킴이
쓰레기통에 쓰레기가 가득 차는 날 쓰레기 정리하고 비닐 채우기

게시물 관리
우리 반 게시물 꾸미는 활동에 참여하기

이동 회장
이동 수업 시 학생들의 줄을 잘 세워서 이동시키기

칠판
칠판 지우개로 판서 닦기, 날짜 변경하기, 하교할 때 나뭇잎(모둠 보상) 떼기

기상캐스터
창문 열고 닫기, 미세먼지 확인해서 미세먼지판에 표시하기

집배원
교사가 확인한 과제들을 학생들에게 나눠주기

별별이야기꾼
별별이야기(주제 글쓰기)의 주제 쓰기, 별별이야기 발표하기

달력 관리
달력에 우리 반 행사 적고 꾸미기

비서님
학급에 필요한 일 도와주기

4장
별빛교실의
하루

아침 활동

01

아침 활동 준비하기

퇴근하기 직전에는 늘 다음 날 제출해야 할 것들과 아침 활동을 칠판에 적고 갑니다. 학생들과 함께 읽고 싶은 시나 문구가 있는 경우 칠판 편지를 쓰기도 합니다. 학생들이 등교하면 아침 활동 확인을 위해 늘 칠판을 확인하는데 칠판 편지가 있을 때는 반짝이는 눈으로 편지를 읽고 기분 좋게 하루를 시작합니다.

등교 시간은 제각각 다르지만 등교하자마자 핸드폰 전원 끄기, 우유 마시기, 가정통신문 제출하기 등 차근차근 해야 할 일들을 하고 칠판을 확인하면서 스스로 아침 활동을 준비합니다. 제출해야 하는 가정통신문은 칠판에 적어두고 가정통신문을 수합할 때는 데스크 트레이를 사용하고 있습니다. 스티커로 1, 2, 3을 각 층마다 붙여두고 가정통신문마다 넣는 번호를 적어두면 안내장끼리 섞이지 않아 수합하기에 편합니다.

아침 활동하기

아침 활동 중 1일은 학교스포츠클럽, 4일은 학급 재량 아침 활동 시간을 운영합니다. 짧은 시간이지만 1년 동안 차곡차곡 쌓는다고 생각하면 꽤 많은 시간이 되기 때문에 아침 시간을 그냥 흘려보내기에는 아쉬운 마음이 듭니다. 아침 활동을 계획해서 유의미한 시간을 보낼 수 있도록 운영할 수 있습니다. 스포츠클럽을 제외한 날은 학급 재량 활동을 할 수 있기 때문에 교사가 자유롭게 아침 활동을 기획할 수 있습니다. 아침 활동은 짧은 시간에 부담 없이 가볍게 할 수 있고, 차분한 분위기를 형성할 수 있는 것으로 구성합니다.

아침밥(아침 활동지), 학교스포츠클럽, 독서, 주제 글쓰기 등 요일에 따라 아침 활동을 다르게 하면 매일 변화를 줄 수 있습니다. 같은 활동을 매일 하는 것보다는 변화를 줬을 때 날마다 다양한 느낌으로 하루를 시작할 수 있습니다. 등교 시간이 달라도 요일마다 아침 활동이 정해져 있기 때문에 학생들은 스스로 아침 활동을 시작합니다. 정돈된 분위기에서 아침 시간을 보내면 1교시를 차분하게 시작할 수 있어서 의식적으로 아침 활동을 하게 합니다.

[월요일] 아침밥

"선생님! 저희 월요일에 아침밥 먹어요?"

학생들의 기대에 부응하지 못해 안타깝지만 아침밥은 아침 활동용으로 나온 교재입니다. 하루에 1쪽씩 간단한 활동지로 구성되어 있어서 학생들이 부담 없이 활동할 수 있습니다. 맞춤법 확인, 낱말 쓰기, 주제 글쓰기, 한자 쓰기, 학년별 수학 문제 등 다양한 문제로 구성되어 있습니다.

아침밥은 매일 1장씩만 풀게 합니다. 다 푼 학생들은 알림장과 같이 1·2·3 숫자를 적어서 서명을 해주는데 3이 된 경우에는 체크 표시를 해서 모둠 보상(나뭇잎 1개)을 올려줍니다. 아침 활동으로 하고 있지만 매일 한 장씩 자투리 시간을 활용해서 해도 된다고 허용해주고 있어서 날마다 성실하게 하는 학생들이 많습니다.

[화요일, 목요일] 독서

1주일에 2번은 책을 읽는 시간을 갖습니다. "오늘은 책 읽는 시간이야~"라는 말을 반복해도 책을 펼치지도 않은 채 소란스럽던 아침 모습에 고민했던 적이 있습니다.

처음에는 교실 뒤편에 의자를 가져가서 앉고 학생들은 교사의 주위로 빙 둘러앉게 해서 그림책을 읽어주었습니다. 인기 있는 시간이었지만 옆에 앉은 친구들과 장난치며 여전히 소란스러웠고 학생들이 많은 경우에는 실천하기 어려웠습니다. 학생들마다 등교 시간이 다른 것도 문제였습니다.

아침 독서 시간에 대한 고민이 길었는데 아이들이 책을 읽게 하는 방법은 의외로 아주 간단했습니다. 정답은 '함께 읽기'에 있었습니다. 학생들이 잘 보이는 교실 앞에서 저도 책을 읽기 시작했습니다. 여분의 책상과 의자를 꺼내 앉으면 더욱 좋습니다. "책 읽자." 하고 말하지 않아도 책을 꺼내 읽는 선생님의 모습에 자연스럽게 조용히 독서하는 분위기가 형성됩니다. 함께 책을 읽는 날은 아침 시간 중 가장 고요한 시간입니다. 아무런 말소리 없이 책장이 팔락이며 넘어가는 소리만 들립니다.

저학년도 마찬가지입니다. 학년에 상관없이 교사와 먼저 등교한 친구들이 책을 읽고 있으면 작은 소리도 내지 않으려고 살금살금 걸으면서 독서를 준비합니다. 가방을 정리하고 학급문고에서 조용히 책을 골라서 자리에 앉아 책을 읽기 시작합니다. 고요한 분위기에서 책 속으로 빠져드는 학생들이 많습니다. 아침 활동이 끝났다는 안내에 "아~" 하는 아쉬움의 탄식이 들려오기도 합니다.

[수요일] 스포츠클럽 활동

일주일 중 하루는 대개 학교에서 하는 스포츠클럽 활동을 진행합니다. 스포츠클럽은 학생들의 등교 시간이 다르고 아침 활동 시간이 짧다는 것을 염두에 두고 단체 경기로 이루어지는 종목보다는 줄넘기, 배드민턴, 걷기 등 소수의 인원이 모여도 바로 할 수 있는 종목으로 선정합니다. 학년 초에 학생들과 회의를 통해 하고 싶은 스포츠클럽 활동을 정하는 것도 좋습니다. 스포츠클럽 활동을 할 때는 안전상의 문제로 교사와 함께 체육관 또는 운동장으로 이동합니다.

[금요일] 별별이야기

일주일을 마무리하는 금요일에는 별별이야기(주제 글쓰기)를 합니다. 별별이야기는 특정 주제에 대한 자신의 생각을 간략하게 쓰는 활동입니다.

1. 별별이야기 주제 정하기

별별이야기꾼(1인 1역할)은 목요일 하교 직전에 학습보드판을 꺼내서 학생들이 잘 보이는 칠판에 붙입니다. (학습보드판 부피가 커서 수업 시간에 학생들의 주의가 분산되지 않게 학습보드판을 사용하지 않는 날에는 보이지 않는 장소에 보관하고 있습니다.)

- • 학습보드판

하나의 주제에 대한 학생들의 생각을 같이 볼 때 편리합니다. 직접 보드판에 작성하는 것보다 포스트잇을 활용하면 관리하기 편합니다. 포스트잇을 붙이는 칸 아래에는 번호나 이름을 쓸 수 있어서 학생들의 제출 여부, 누가 어떤 내용을 썼는지 등을 한눈에 확인할 수 있습니다.

학습보드판이 준비되면 별별이야기꾼은 친구들과 이야기 나누고 싶은 주제를 학습보드판 제목 칸에 적습니다. 별별이야기의 주제는 단답형으로 나오는 질문이 아닌 생각이 드러날 수 있는 주제를 적어야 해서 별별이야기꾼의 고민이 필요합니다.

예시) 10억이 생긴다면 하고 싶은 일과 이유는? 내가 갖고 싶은 초능력과 이유는? 등

2. 주제에 맞는 글쓰기

학생들은 등교하는 대로 별별이야기 주제를 확인하고 포스트잇에 자신의 생각을 적습니다. 포스트잇은 학습보드판 옆에 보관하면 좋습니다. 글쓰기 활동이지만 포스트잇에 작성하는 것이라 다들 부담 없이 활동합니다. 학생들의 대답이 중복되는 질문의 경우(자신이 좋아하는 과목, 우리 학교 주변 맛집 추천 등)에는 주제에 대한 답만 쓰는 것이 아니라 이유까지 작성합니다.

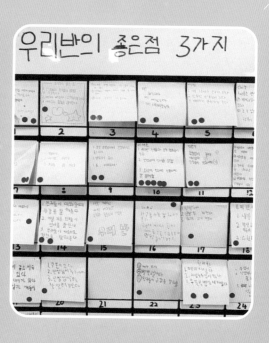

3. 공감되는 답변에 투표하기

별별이야기를 하는 날에는 하루 동안 학습보드판을 살펴보며 자신이 가장 공감되거나 반짝이는 생각이라고 여겨지는 의견에 스티커를 1개 붙입니다. 이때 자신의 포스트잇에는 스티커를 붙일 수 없습니다.

하교하기 직전에 별별이야기꾼이 발표를 하기 때문에 점심놀이 시간까지는 투표를 완료합니다. 아침 시간에 글을 쓰지 못한 학생들은 쉬는 시간을 활용해서 글을 쓴 뒤에 포스트잇을 붙입니다. 포스트잇을 붙인 학생들은 즉시 투표권을 갖기 때문에 스티커가 많이 붙여지기 위해서는 최대한 빨리 글을 적어서 붙이는 것이 좋습니다.

포스트잇에 붙여진 스티커 갯수는 하루 동안 학생들의 관심사가 되기 때문에 금요일마다 칠판 앞이 북적입니다. 학생들은 별별이야기 앞을 서성거리며 친구들이 작성한 글을 반복해서 읽습니다.

4. 별별이야기 결과 발표하기

하교 직전에 별별이야기꾼은 앞으로 나와서 오늘의 별별이야기를 뽑습니다. 1명, 2명, 3명 등 스티커 수에 따라 별별이야기꾼이 몇 명을 발표할 건지 정합니다. 선정된 인원은 날마다 다릅니다. 별별이야기꾼은 친구들에게 오늘의 별별이야기 숫자를 발표하고 별별이야기 주제와 많은 표를 얻은 글들을 읽습니다.
"오늘의 별별이야기 주제는 ○○입니다. 오늘의 별별이야기는 ○명입니다. (포스트잇 내용 읽어주기)"

별별이야기꾼이 읽어주는 내용을 들으며 학생들의 문장 구사력은 점차 향상됩니다.

교사는 별별이야기꾼이 말한 오늘의 별별이야기 수량에 맞게 작은 간식을 준비해서 별별이야기꾼에게 줍니다. 교사가 아닌 별별이야기꾼이 우승자에게 작은 간식을 전달해주고 다른 친구들은 "축하해!" 하며 박수를 쳐줍니다. 우승자들은 별별이야기꾼과 친구들에게 "고마워!" 하고 인사합니다.

5. 마음 글쓰기에 포스트잇 붙이기
청소가 끝나면 학생들은 자연스럽게 마음 글쓰기 공책을 꺼내 오늘의 날짜와 별별이야기 주제를 씁니다.

이후 별별이야기꾼의 결과 발표가 끝나면 모든 학생들은 자신이 쓴 포스트잇을 떼서 공책에 붙입니다. 다 붙인 학생은 별별이야기꾼에게 도장을 받은 후 하교를 준비합니다.

별별이야기 주제를 정하고 친구들에게 도장을 찍어주는 데서 재미를 느끼는 학생들이 많아 1인 1역할 중 별별이야기꾼은 늘 인기입니다.

아침 인사하기

　　아침 활동은 1교시 시작 15분 전까지 합니다. 출근을 하면 아침 활동 마무리하는 시간을 타이머로 보여주고 있습니다. 아침 활동을 하다가 2분 전쯤에는 아침 활동을 정리하고 1교시를 준비합니다. 타이머가 끝날 때는 교과서, 필통, 준비물 등 수업 준비를 하고 교사를 바라보고 있어야 합니다. 타이머 종료음이 울리면 모든 학생들이 수업 준비한 것을 확인한 뒤에 아침 인사를 합니다. 아침 인사를 하고 수업 준비를 하면 정돈되지 않은 분위기에서 수업을 시작하는 경우가 생길 수 있습니다. 아침 인사를 한 뒤에는 학생들에게 전달할 사항들을 안내합니다.

（04）

쿠폰 사용하기

　　이후 [학급 보상] 편에 더 자세하게 언급될 학급 쿠폰입니다. 별빛교실에서는 모둠 보상으로 학급 쿠폰을 주고 있습니다. 학생들이 받은 쿠폰은 아침 시간에만 사용할 수 있습니다. 아침 안내 사항을 말한 뒤에 쿠폰을 사용할 학생들은 앞으로 나와 줄을 서고 선생님에게 자신이 사용할 쿠폰을 제출합니다. 하루에 갖고 있는 쿠폰을 여러 장 사용해도 괜찮습니다. 누가 어떤 쿠폰을 썼는지 교사가 일일이 확인하는 것이 아니라 제출한 쿠폰을 읽어주는 것으로 학생들이 서로 기억합니다. 쿠폰을 사용하지 않는 학생들은 자연스럽게 아직 못 마신 우유를 마시거나 화장실을 다녀오며 1교시를 준비합니다.

수업 시간

    좋은 선생님의 기준은 다양하지만 '잘 가르치는 선생님'은 좋은 선생님의 요소 중 큰 부분을 차지한다고 생각합니다. 학급에서 배움이 일어나기 위해서는 교사는 잘 가르칠 수 있어야 합니다. 학교에서는 사람으로서의 도리와 단체 활동에서의 덕목 등 삶의 가치를 배우는 것뿐만 아니라 학습적인 부분도 중요합니다.

    "선생님! 저는 국어가 이렇게 재미있는 과목인지 몰랐어요!"
    "수학 진짜 싫어했는데 이제는 매일 수학만 했으면 좋겠어요!"
    "선생님, 우리 아이가 제일 싫어하는 과목이 사회였는데 선생님을 만나고 사회가 재미있대요. 정말 감사드려요."
    "우리 아이가 중학생인 형이랑 역사에 대해 이야기하더라고요. 학교에서 배운 내용을 저녁 시간마다 이야기하는데 저도 역사를 배우게 됐지 뭐예요."

    학생과 학부모에게 이런 말들을 들을 때마다 미소를 감출 수가 없습니다. 수업이 재미있다는 말과 배운 내용을 생활 속에서 적용한다는 것은 교사에게 큰 보람이면서 자부심이 됩니다. 예능 프로그램을 즐겨 보는데 예능을 볼 때마다 교사는 PD이고 학생들은 연예인이라는 생각을 하고는 합니다. PD가 구성한 프로그램 속에서 연예인들이 각자의 재량을 뽐내며 프로그램이라는 결과물을 만들어 내는 것이 교실의 모습과 참 유사합니다. 학생들의 재량을 뽐내고 참여도를 높이는 데는 교사의 수업 연출이 필요합니다. 학생들은 놀이가 있는 수업을 무척이나 좋아하지만 놀이 없이도 학생들의 흥미와 집중도를 높일 수 있는 소소한 방법들이 있습니다. 학생들의 참여도를 높이기 위해 교실에서 활용하는 방법들을 소개하려고 합니다.

$$01$$

수업 준비

최소한 하루 전에는 모든 수업 준비를 합니다. 아무리 바빠도 수업을 준비하는 시간은 꼭 확보하고 있습니다. 수업 준비를 가장 먼저 하고 학급 업무와 개인 업무를 처리합니다. 수업 준비가 잘 되지 않은 채 수업에 들어가면 스스로가 아쉬움이 남는 수업이 되고는 합니다. 어쩌면 당연한 이야기이지만 수업 준비가 체계적으로 되었을 때 수업이 매끄럽게 진행되고 학생들의 흥미와 수업 집중력이 높아집니다.

수업을 준비할 때는 교사 커뮤니티, SNS 교사 계정, 유튜브 등에서 아이디어를 얻습니다. 참고할 수 있는 수업 자료를 연구하고 우리 반 학생들의 특성을 고려해서 학습 자료를 제작합니다. 사전에 수업 준비가 이루어져야 수업에 효과적인 자리 배치, 준비물, 활동지 등을 미리 계획할 수 있습니다.

수업 중

발표 참여도 높이기

수업 시간에 모든 학생들의 발표 참여도가 높으면 참 좋겠지만 학생들의 성향에 따라 발표 참여도의 차이가 있습니다. 늘 발표를 열심히 하는 학생들은 학년 말까지 계속해서 잘합니다. 신경을 기울여야 하는 학생들은 발표를 하지 않는 학생들입니다. 중·고학년으로 갈수록 스스로 손을 들어 발표하는 것을 어려워하는 학생들이 많아 의도적으로 대부분의 학생들이 발표를 하도록 다양한 발표 방법을 사용하고 있습니다. 다양한 발표 방법들은 소소하지만 수업의 흥미도를 높여서 효과가 좋습니다. 자신의 생각을 다수 앞에서 말하는 연습을 하게 하기 위해 활용하고 있는 방법들을 소개합니다. 처음에는 목소리가 작아 마이크를 사용하며 말해야 할 정도로 긴장하던 학생들도 발표를 자주 하는 상황에 노출되면 점차 마이크 사용 빈도가 줄어들고 발표에 자신감을 갖는 모습이 보입니다.

발표 참여도를 높이는 발표 방법

1. 개인 발표

수업 시간에 가장 많이 하는 발표 형태입니다. 교사의 발문에 대답하고 싶은 학생이 발표합니다. 개인 발표를 하는 경우에는 무조건 손을 들고 발언권을 얻은 사람이 발표를 할 수 있습니다. 발표하고 싶은 학생들이 여러 명 있는 경우에는 "누가 제일 바른 자세지~?" 하며 자세가 바른 학생을 지목하면 틈틈이 바른 자세를 지도할 수 있습니다. "저요! 저요!" 하고 계속 외치는 학생에게는 안타까운 표정으로 "아~ 선생님은 발표할 때 말하는 학생 안 시키는데~" 하면 다들 눈은 부릅뜨면서도 조용히 발표 차례를 기다립니다. 친구가 발표하는데 계속 손을 들고 대기하는 학생들이 있기도 합니다. 다른 친구가 발표할 때는 다른 사람들은 무조건 손을 내리고 경청합니다.

가위바위보 발표

개인 발표 참여도가 높고 모두가 바른 자세로 앉아 있는 경우에는 학생들의 자세를 칭찬하며 가위바위보 발표를 합니다. 교과서의 지문 읽는 순서를 정할 때도 가위바위보를 합니다. 가위바위보 발표를 할 때면 대부분의 학생들이 놀이라고 생각해서 발표를 하지 않으려던 학생들도 무심결에 손을 들어 가위바위보에 참여합니다. 처음에는 발표 생각이 없었다가도 가위바위보를 통해 결국 발표자가 되는 경우가 많습니다.

"선생님을 이겨라 가위바위보!", "텔레파시 통해라 가위바위보!", "선생님한테 져라 가위바위보!"를 합니다. 교사는 앞부분을 말하고 가위바위보는 다 같이 외칩니다. 이기는 가위바위보는 이겨서 좋아하고 텔레파시 가위바위보는 선생님과 통했다며 좋아하고 지는 가위바위보는 제일 잘 진 사람이라고 좋아합니다. 결국 모두가 좋아하는 발표 방법이 됩니다. 특히 "와 ○○가 제일 잘 졌어~!" 하며 지는 가위바위보는 할 때마다 '푸하하'하고 웃음이 터집니다.

만약 발표자를 지목할 수 있는 발표우선권 쿠폰을 쓰는 학생이 가위바위보 발표를 하고 싶다면 그날은 교사가 아닌 해당 학생과 가위바위보를 해서 발표를 합니다. 이때 쿠폰을 사용한 학생이 이기는 가위바위보, 텔레파시 가위바위보, 지는 가위바위보를 선택할 수 있습니다. 모두가 발표우선권을 가진 친구와 가위바위보를 하며 발표를 합니다.

두더지 발표
"봄 하면 생각나는 단어는?"
"지도에 대해 알고 있는 것들을 말해 볼 사람?
위 질문과 같이 짧은 대답이 나오는 경우에는 발표하고 싶은 사람들이 모두 일어나서 발표하는 두더지 발표를 합니다. 두더지 발표는 학급 경영에 대한 책을 읽으며 선배 선생님에게 배운 발표 방법입니다. 두더지 발표를 할 때는 일어난 학생들 중 1모둠의 1번부터 차례대로 말합니다. 교사는 "두더지 발표 시작~" 하고 한마디만 할 뿐입니다.

발표를 하다가 먼저 말한 친구의 대답과 자신의 대답이 동일하면 자리에 앉습니다. 앞서 말한 친구와 같은 생각이라 발표하지 않고 자리에 앉는

학생들에게는 "텔레파시 통했네~" 하며 발표에 참여하려고 한 모습을 언급해줍니다. 여러 명의 다양한 답변을 들을 수 있고 같은 생각이면 자리에 앉아야 해서 경청하는 분위기가 형성됩니다.

발표 총

학생들이 정말 좋아하는 발표 총입니다. 교사가 "준비!" 하면 손을 총 모양으로 돌리다가 "하나 둘 셋" 하면 다 같이 "탕!" 하고 외치며 한 명을 지목합니다. 모두가 손으로 한 명씩 지목했다면 교사가 "오늘은 세 발!" 하며 "○○○ 하나" 하고 지목한 학생의 이름과 숫자를 말하며 손을 내립니다. 지목된 학생은 "○○○ 둘" 하고 자신이 가리킨 친구를 말하며 손을 내립니다. "○○○ 셋" 하며 마지막에 지목된 학생이 발표합니다. 자신의 이름이 불렸을 때 총의 방향을 바꿀 수는 없습니다. 총을 발사한 학생은 손을 내리고 지목한 친구가 다시 자신을 지목한 경우에는 자신이 발표합니다. 자신을 쏘는 학생도 있습니다. 이런 경우에는 자기가 발표를 합니다. 선생님을 쏘고 있는 학생이 마지막에 걸리면 폭발입니다. 폭발하는 경우

에는 선생님에게 총을 쏜 학생과 주변(앞, 뒤, 대각선)에 있는 모든 학생들이 일어나서 발표합니다. 당연하게도 폭발을 제일 좋아해서 발표 총을 하면 발표자가 정말 많아집니다.

2. 짝 발표

"제 짝꿍의 이야기를 꼭 들려주고 싶습니다! 하는 사람들은 손을 들어
　주세요."

교사의 말에 짝꿍을 보며 웃으면서 손을 번쩍 듭니다. 자신의 생각이나 글을 짝에게 설명하는 활동을 한 뒤에는 주로 짝 발표를 합니다. 평소에 발표를 하지 않는 학생들도 씩 웃으며 친구를 바라보며 손을 듭니다. 바르게 앉아 손을 든 학생의 짝꿍이 발표하는 시간입니다. 짝꿍의 인정과 추천을 받은 발표이기 때문에 쑥스러워하면서도 기분 좋게 발표합니다. 발표 후에 "○○가 추천할 만했네요~"라는 말을 덧붙이면 더욱 좋아합니다. 장난기가 많은 학생들은 서로 손을 들어서 결국 둘 다 발표하기도 합니다.

3. 모둠 발표

　모둠 활동을 한 뒤 결과물 발표를 할 때는 모둠 발표를 합니다. 이때는 모둠의 대표자만 발표하는 것이 아니라 모든 학생이 한마디라도 발표하는 것이 규칙입니다. 앞에 나와서 발표를 할 때는 모둠의 다른 친구들이 이야기할 때 바른 자세로 앞을 바라보는 연습도 같이 합니다.

　모둠 발표를 처음 할 때면 대부분의 학생들이 앞에 나와 "야! 너가 여기 말하기로 했잖아.", "나 어디였지?" 등 준비되지 않은 모습을 보입니다. 모둠 친구가 발표를 시작할 때 옆 학생들이 장난을 치거나 부산스럽게 움직이기도 합니다. 그래서 초반에는 교실 앞에 나왔을 때 어느 지점에 서서 발표해야 하는지, 친구가 말할 때 바른 자세로 서 있기, 말하는 친구에게 몸을 다 돌리지 말고 고개만 돌리기, 모둠 인사를 하고 처음 말하는 사람은 "안녕하세요, ○모둠 발표 시작하겠습니다.", 마지막 말하는 사람은 발표가 끝난 뒤 "이상입니다."라고 말하는 등 사소한 부분까지도 연습합니다.

바른 태도로 발표하기 위해 모둠 발표 전에는 어떤 부분을 누가 맡아서 어떻게 발표할지에 대한 의견을 조율하고 모둠끼리 연습하는 시간을 충분히 갖습니다. 모둠 발표를 여러 번 하면 한 명이 말할 때는 옆 학생이 바른 자세로 자신의 차례를 기다리고 막히는 부분 없이 발표를 자신 있게 합니다. 한 명도 빠짐없이 발표할 수 있는 모둠 발표입니다.

4. 랜덤 발표
교사가 무작위로 뽑는 발표 프로그램을 활용해서 하는 발표입니다. 발표자가 화면에 띄워지면, 발표자는 일어나서 자신의 생각을 발표합니다. 모든 학생이 발표할 수 있는 랜덤 프로그램을 활용하면 좋습니다. 순서만 다를 뿐, 결국 모든 학생들이 발표하게 됩니다. 바탕화면에 설치해서 로그인 없이 바로 사용할 수 있는 프로그램을 활용하면 수업 시간에 필요할 때마다 빠르게 실행할 수 있습니다.

수업과 삶의 연결고리 찾기

학교에서의 배움이 실제 삶 속으로 연결될 때 교육의 힘은 커집니다. 환경교육을 할 때였습니다. 학습지를 제작하다 오탈자가 보여서 우리 반 학생 수만큼 다시 인쇄를 하는데 '이게 맞나?' 하는 생각이 들었습니다. 두 번에 걸쳐 만들어진 학습지는 활동 후에 교실 바닥에 굴러다니고 환경교육 자료라며 만들기 키트를 구입해서 만든 작품은 신발장 위에 올려놓고 하교하는 모습을 보고 자원을 낭비하고 있는 것이 환경교육과 모순된다는 생각이 들었습니다. 교실 안에서 이루어지는 환경교육은 학생들에게 체감되지 않았고 그저 찰나의 순간으로 흘러가는 느낌이 들었습니다.

환경오염의 심각성을 직접 느끼고 환경 보호 활동을 실제로 체험해보

는 것이 필요했습니다. 우선 버려진 종이 상자를 재활용해서 캠페인 자료를 만들었습니다. 계획서를 내부 결재받고 장갑과 쓰레기봉투를 챙겨서 실제 우리가 사는 마을로 나갔습니다. 날씨가 유독 맑았던 날, 반짝이는 윤슬을 보며 "선생님! 바다 정말 예뻐요!" 하던 학생들은 아름다운 바다 곳곳에 담배꽁초, 비닐장갑, 컵라면 용기 등이 아무렇게나 버려져 있는 것을 직접 확인하며 탄식하고 화를 냈습니다.

1교시 동안 우리 마을 주변을 돌아다니며 곳곳에 버려진 쓰레기를 주웠습니다. 더운 날이었음에도 불구하고 멀리 떨어진 곳에 있는 쓰레기까지 꼼꼼하게 주웠고 학생들은 사람들이 지나갈 때마다 캠페인 문구를 외쳤습니다. 마을 어른들의 칭찬을 받으며 얼굴에 보람이 가득했습니다. 우리가 살고 있는 마을과 학교 주변을 직접 청소하며 쓰레기 문제를 실감했고 환경 보호를 위한 다짐을 했는데 교실 내에서 동영상과 학습지로 환경교육을 하며 했던 다짐과는 결이 달랐습니다. 이후 며칠 동안 혼자, 친구와, 가족과 함께 쓰레기 줍기 운동을 했다는 소식이 들려왔습니다. 교실 내에서의 교육이 실제 삶으로 연결되는 경험은 놀랄 만큼 학생들의 마음 속에 깊숙하게 자리 잡았습니다.

　고학년의 경우에는 자료 조사와 발표 연습을 많이 시키고 있습니다. 개인별, 모둠별 발표 자료를 만들 때 정말 유용하게 활용한 것이 구글 계정, 구글 드라이브입니다. 구글 계정 아이디와 비밀번호를 일괄 생성할 때는 학생들의 번호만 다르게 하고 같은 아이디와 비번으로 만듭니다. 자신의 아이디와 비번을 깜빡해도 친구들의 도움을 받아 로그인할 수 있습니다. 교사가 구글 드라이브로 프리젠테이션을 공유하면 한 사람당 한 장씩 맡아서 발표 자료를 제작합니다. 제작한 발표 자료는 교실로 돌아와서 한 명도 빠짐없이 발표합니다. 친구들의 발표를 참고하며 잘한 점들을 자신의 것으로 습득할 수 있습니다. 자료를 제작하는 연습을 여러 번 하면 나중에는 컴퓨터실에 들어가자마자 스스로 발표 자료를 척척 만듭니다.

　이렇게 자료를 조사하고 정리, 발표하는 능력을 기르면 여러 가지 활동으로 확장할 수 있습니다. 대표적인 활동으로는 배움의 장소를 직접 선택해서 견학을 다녀올 수 있습니다.

　5학년 역사 단원에서 항일역사를 공부하는 차시였습니다. 교과서를 통해 배운 내용을 지역으로 확장해서 우리 마을에 있는 항일역사 장소를 조사하기 시작했습니다.

구글 드라이브를 활용하면 좋은 점 중 하나가 모든 학생들이 특정 학생이 만든 자료를 동시에 볼 수 있다는 점입니다. 각자의 태블릿으로 친구의 자료를 살펴보며 모둠별로 의견을 조율한 뒤 항일역사와 관련해 직접 가보고 싶은 장소를 선택했습니다. 모둠에서 장소를 정하고 태블릿을 활용해서 자료를 추가 조사하며 모둠 발표 자료를 만들었습니다. 이제는 같은 학년 학생들과 함께 투표할 차례입니다. 일정 기간을 정해두고 복도에 발표 자료를 게시해서 견학 가고 싶은 장소를 최종적으로 선정했습니다.

견학하기 전에 교사는 관련 계획서를 작성하고 내부 결재를 받습니다. 학생들은 직접 선택한 장소를 견학하며 궁금한 점을 문화해설사에게 물어보며 실제 우리 지역의 역사적 장소를 탐방할 수 있었습니다. 학생들이 직접 만들어간 수업이었습니다. 몇 달이 지나도 학생들에게 항일역사에 대해 질문하면 정확한 대답이 돌아옵니다. 학생들이 수업 주체자로 수업에 참여하면 배움의 깊이가 달라집니다.

기타 수업 시간 팁

1. 글 읽기는 다 같이 하기

교과서 지문이나 책을 읽을 때는 모든 학생들이 돌아가면서 읽습니다. 읽기를 희망하는 학생이 읽기, 희망자끼리 분량을 나누어서 읽기, 뺏어 읽기(교과서를 읽다가 틀리게 읽는 부분이 있으면 다른 학생이 이어서 읽기), 등장인물이 있는 경우 등장인물과 해설 담당을 뽑아 읽기 등 다양한 방법을 시도해봤는데 모두가 같이 읽을 때 학생들의 집중도가 가장 높았습니다.

교과서 지문이나 다 같이 책을 읽을 때는 한 명이 한 문장씩 읽습니다. 가장 먼저 읽을 사람부터 정합니다. 보통 선생님과 가위바위보를 통해 정합니다. 이후부터는 앉은 차례대로 글을 읽습니다. 읽기에 집중하지 않은 경우에는 짝이나 모둠 친구들이 해당 친구에게 읽어야 하는 부분을 알려주는데 글을 놓치면 정적이 흐르면서 다른 학생들이 그 친구를 바라봐서 모든 학생들이 끊기지 않고 읽도록 엄청난 집중력을 보입니다. 교과서 지문을 읽을 때는 손가락으로 짚어가며 글을 놓치지 않도록 노력합니다.

공부할 문제나 교과서 문제 등 한 문장을 읽는 경우에는 모든 학생이 읽습니다. 교사는 집중하지 않는 학생을 관찰해서 읽지 않은 학생이 다시 반복해서 읽도록 합니다. 중요한 문장을 반복해서 보게 되고 집중하지 않았던 학생이 다음에는 다 같이 읽는 데 참여하는 효과도 얻을 수 있습니다.

2. 꼬마 선생님 활용하기

수학 시간에는 꼬마 선생님이 있습니다. 꼬마 선생님은 말 그대로 어린이 선생님입니다. 학생들의 문제 해결 속도 차이가 확연하게 드러나는 수학 시간에는 꼬마 선생님이 문제 해결을 어려워하는 친구를 도와줍니다.

꼬마 선생님은 매일 달라집니다. 수학 개념을 익히고 그날 주어진 문제를 해결한 학생들이 그날의 꼬마 선생님이고 모든 학생들이 꼬마 선생님이 되는 것이 수학 시간의 목표입니다.

문제 해결 속도의 차이를 어떻게 해결하면 좋을지에 대한 고민을 했었

습니다. 학생별 난이도가 다른 문제를 제공하자니 단원마다, 차시마다 잘하고 어려워하는 부분이 달랐고 문제 해결을 빠르게 한 학생들을 무작정 기다리라고 하자니 시간이 붕 떴습니다. 문제 해결 속도의 간극을 해결해준 것이 바로 꼬마 선생님입니다.

꼬마 선생님의 역할은 두 가지입니다. 첫 번째, 문제 해결이 어려운 친구들에게 도움을 줍니다. 단, 도움을 요청한 친구들에 한해서 도움을 줍니다. 도와줄 때는 절대 답을 말할 수 없습니다. 선생님에 걸맞게 친구가 문제를 스스로 해결할 수 있도록 옆에서 말과 질문으로 도와줄 뿐입니다. 친구의 눈으로 도움을 주기 때문에 이해가 쉽고 꼬마 선생님은 친구를 가르쳐주며 헷갈렸던 부분을 복습합니다. 특정 차시를 어려워하는 학생들이 많아서 절반 정도만 꼬마선생님이 되었을 때는 꼬마 선생님들을 전부 앞으로 나오게 해서 1:1로 짝꿍을 맺어주기도 합니다. 쉬는 시간, 심지어 방과 후 시간까지 책임지고 친구가 모든 문제를 해결하고 가도록 도와주는 모습을 보면 감동스럽기까지 합니다.

두 번째, 채점을 해줄 수 있습니다. 채점하는 것이 좋은지 학생들은 의기양양하게 빨간색 색연필을 들어 수학익힘이나 학습지를 채점해줍니다. 자신이 도와준 친구가 마침내 모든 문제를 해결해서 꼬마 선생님이 되면 자신의 이름을 친구의 교과서에 자랑스럽게 적을 수 있습니다. 수학을 어려워했던 학생도 결국 그날 할 것들을 다 해결해서 꼬마 선생님이 되면 "나도 꼬마 선생님이다!" 외치며 성취감이 표정에 그대로 나타납니다.

꼬마 선생님이 선생님의 역할을 분담해주고 있기 때문에 교사는 문제 해결이 어려운 학생들을 1:1로 도와줄 수 있습니다.

3. 작품 공유하는 활동은 1:1 설명하기

모든 학생들이 교실 앞에 나와 자신의 작품을 설명하는 시간을 갖기도 하지만 1:1로 만나 자신의 작품을 설명하는 시간도 많이 갖고 있습니다. 주어진 시간 동안 일대일로 설명을 하면 친구의 작품에 조금 더 집중할 수 있고 설명하는 학생은 말하기 연습을 반복해서 할 수 있습니다. 1:1로 설명을 할 때는 먼저 짝꿍에게 자신의 작품을 설명합니다. 설명을 한 뒤에는 짝꿍의 설명을 듣습니다. 설명하는 시간에 타이머를 틀어주는데 설명이 끝났는데도 시간이 남으면 작품에 대해 질의응답하는 시간을 갖습니다. 수업 시간과 관련 없는 대화를 하지 않도록 사전에 주의를 주면 다들 교육 활동에만 집중합니다. 친구들의 설명을 듣고 나서는 포스트잇에 칭찬의 글을 남기는 것도 좋은 피드백이 됩니다.

설명하는 시간이 끝나고 교사가 종을 치면 학생들은 자리를 옮깁니다. 시간이 부족한 경우에는 대화를 끝까지 마무리하고 일어나도록 합니다. 모두가 일어날 때까지 다른 학생들은 자유롭게 교실을 이동하다가 종소리가 들리면 가까운 자리에 앉습니다. 자리에 앉을 때는 친한 친구끼리 앉는 것이 아니라 가까운 자리에 앉는 것을 강조합니다. 모두가 앉으면 새로 만난 친구에게 자신의 작품을 설명하는 과정을 반복합니다.

쉬는 시간

    3월 1주에는 어떤 학년을 맡든 짧은 쉬는 시간과 중간놀이 시간, 점심 놀이 시간을 구분 지어 설명합니다. 쉬는 시간에 해야 할 일들을 설명하지 않으면 학생들은 쉬는 시간을 놀이 시간으로 치부해버립니다. 쉬는 시간에는 자신이 해야 할 일들은 꼭 마무리하고 쉬도록 지도합니다.

1. 짧은 쉬는 시간

    짧은 쉬는 시간은 다음 수업 시간을 준비하는 시간입니다. 쉬는 시간이 되자마자 친구들이랑 놀다가 다음 수업 시간 시작할 때가 되어서야 수업 준비를 하는 학생들이 있습니다. 다음 수업 시간이 이동 수업이라면 낭패입니다. 실컷 놀다가 수업 준비를 한 뒤에 이동하면 수업 시작하는 시간이 지연됩니다. 이와 같은 상황을 방지하기 위해 학년 초에 수업이 끝나자마자 다음 수업 시간을 준비하는 것을 습관화합니다. 교과서와 필요한 준비물들을 먼저 준비한 뒤에 화장실 다녀오기, 물 마시기, 우유 마시기 등을 합니다.

2. 중간놀이 시간 & 점심놀이 시간

    친구들과 자유롭게 놀 수 있는 시간이라 학생들이 가장 좋아하는 시간입니다. 하지만 이때도 학생들은 자신의 할 일들을 마무리하고 놀이 시간을 갖습니다. 학생들은 수업 시간 내에 미처 하지 못한 활동을 마무리하고 쉬는 시간을 보냅니다. 학년 초에 습관을 들이지 않으면 해야 할 일들을 하지 않고 계속 미루다가 과제가 어느새 산더미처럼 불어나서 결국 포기하는 학생들이 생길 수 있습니다. 자신의 일을 스스로 점검하지 못하는 학생들이 많기 때문에 칠판에 게시된 [다했어요] 판 근처에 해야 할 일들을 적어두며 확인하게 합니다.

학년 초부터 학급 분위기를 형성해두면 학생들은 자연스럽게 할 일을 하고 놀이 시간을 갖습니다. 해야 할 일들을 하지 않은 채 노는 학생이 있다면 친구들이 알려주기도 합니다. 시간 내에 하지 못한 과제들은 쉬는 시간에 해야 하기 때문에 수업 시간에 집중해서 마무리하려고 노력하는 모습을 보입니다. 학급에서 해야 할 일을 시간이 없다고 넘어가지 않도록 주의를 기울이고 있습니다. 찰나의 순간이 학급의 분위기를 좌우합니다.

점심놀이 시간에는 점심을 먹고 오자마자 알림장부터 작성합니다. 학년에 상관없이 알림장은 매일 작성하도록 합니다. 간혹 핸드폰으로 알림장을 탑재해주면 안 되냐는 학부모 문의가 들어오는 경우도 있었지만 가정에서 자신이 해야 하는 일을 점검하는 습관을 기르고 글씨 교정의 목적이 있음을 안내합니다.

중간놀이 시간이나 점심놀이 시간에는 운동장에 나가서 노는 학생들이 있기 때문에 적어도 수업 시작 시간 10분 전에는 교실로 들어오게 합니다. 시계를 보는 것을 어려워하는 저학년의 경우에는 노래를 정해서 틀어주면 좋습니다. 정리 노래를 3번 들려주는데 노래가 끝날 때면 모두가 자리에 앉아 있는 것을 규칙으로 정했습니다. 중·고학년은 수업 시작 10분 전에 타이머를 틀어줍니다.

알림장
쓰는 방법

1. 날짜 쓰기
2. 안내할 사항
3. 인성, 안전 등 학생들에게 강조하고 싶은 부분
    * 해당하는 학생만 작성하기
    * 표시는 신청서를 제출하지 않은 경우, 준비물이 준비되지 않은 경우 등
      해당 학생들만 추가적으로 작성합니다.

알림장은 매일 점심을 먹고 교실에 와서 바로 작성합니다. 알림장을 통해 글씨 연습을 할 수 있고 인성 지도도 할 수 있습니다. 학교 및 학급의 안내사항을 우선적으로 작성한 뒤 마지막 내용으로는 학생들에게 강조하고 싶은 내용을 씁니다. 이렇게 작성한 알림장은 매일 학부모 서명을 받고 오도록 합니다. 기껏 알림장을 작성해 놓고 서랍 속에 알림장을 넣은 채 가정으로 가져가지 못하는 모습을 보고 고민하다가 알림장 보상을 시작했습니다.

알림장을 적으면 알림장을 펼쳐서 교사 책상에 제출합니다. 매일 알림장을 검사할 때는 전날 학부모 서명칸과 오늘 알림장 내용을 바르게 썼는지를 확인합니다. 학부모 서명을 받았다면 옆에 1·2·3 표시를 적어줍니다. 서명을 3일 동안 받아서 3이 된 경우에는 모둠 보상(나뭇잎 1개)을 올려주고 있습니다. 알림장 보상은 알림장을 챙기고 학부모에게 보여주며 알림장 내용을 스스로 점검하는 것을 습관을 기르는 데 도움이 되었습니다. 알림장을 쓰고 난 뒤에는 양치를 하고 자유롭게 놀이 시간을 갖습니다.

너와 내가 함께 반짝이는 별빛교실

청소 시간

    매일 하교하기 직전에는 5분 이내로 청소 시간을 갖습니다. 우리 반 교실을 청소하는 시간은 모두가 함께 하는 것임을 강조합니다. 함께 쓰는 공간이기 때문에 더욱 깨끗하게 청소를 해야 한다는 것을 반복해서 지도합니다.

    학생들은 청소 시간을 통해 자신의 자리를 정돈하는 습관을 기를 수 있습니다. 사실 짧은 청소 시간이지만 청소를 하기 싫어서 친구들과 이야기를 하거나 눈치를 보며 슬며시 자리에 앉아버리는 학생들도 있습니다. 우리가 함께 사용한 교실을 깨끗하게 만드는 것이기 때문에 청소는 다 같이 하는 것을 강조하고 청소 시간이 끝나기 1분 전까지는 자리에 앉지 않도록 합니다. 자신의 자리를 청소하고 남는 시간에는 교실의 앞, 뒤, 옆을 함께 청소합니다.

**청소
방법**

1. 미니 빗자루로 자리 주변 쓸기

청소 시간이 되면 미니 빗자루가 들어있는 바구니를 꺼냅니다. 미니 빗
자루로 자신의 주변을 쓸고 시간이 끝날 때쯤 쓰레기통에 먼지를 버립니
다. 먼지를 버릴 때는 쓰레기통 위가 아닌 안쪽으로 버리도록 해야 쓰레
기통 주변이 깨끗합니다. 의자를 책상 위에 두고 청소해도 되냐는 학생
들의 질문을 받을 때가 있는데 청소를 하다 보면 의자가 떨어지는 경우
가 많아 안전 문제로 허용하지 않고 있습니다. 의자 다리의 먼지를 청소
하고 싶은 경우에는 의자를 바닥에 눕혀서 청소합니다.

2. 교실 주변 쓸기

자기 자리 주변을 빗자루로 다 쓸었는데 시간이 남은 학생들은 물티슈로
바닥을 닦거나 빗자루로 자기 자리 주변 외 교실 양옆, 앞, 뒤 청소를 합
니다. 교실 구석구석을 청소하는 학생이 보인다면 즉시 칭찬을 하며 모
두 열심히 청소하는 학급 분위기를 조성합니다.

3. 청소 시간은 타이머로 안내하기

청소 시간에는 늘 타이머를 틀어주고 있습니다. 시간이 끝나기 1분 전까
지는 자리에 앉지 않습니다. 노는 학생 없이 모든 학생들이 청소를 하도
록 만든 장치입니다. 청소 시간은 하교하기 5분 전에 갖습니다. 일일 DJ
쿠폰을 사용하는 학생들은 노래를 3곡 적어오는데 청소를 하는 5분 동
안 신청곡을 틀어줍니다. 보통 1절을 틀어주고 있고 뮤직비디오를 보여
주면 영상에 집중해서 청소를 못하는 경우를 많이 봐서 노래를 틀되 화
면에는 청소 타이머만 틀어주고 있습니다.

4. 청소 검사

청소가 끝나면 교사는 모둠별로 깨끗하게 청소를 했는지 검사합니다. 학
급 어린이회장, 모둠의 1번 등 랜덤으로 지목해서 학생들이 검사할 때도

있습니다. 학생들이 검사하면 교사보다 더 꼼꼼하게 보기도 합니다. 청소 검사에 성공한 모둠은 모둠 보상(나뭇잎) 1개를 받고, 실패한 모둠은 모둠 보상(나뭇잎) 1개가 떨어져서 청소 검사를 하는 시간은 모두 숨을 죽이며 긴장합니다. 모둠의 1번은 교사의 말에 따라 자신의 모둠 보상을 붙이거나 뗍니다. 탈락을 이야기할 때는 청소가 되지 않은 부분을 이야기해주고 해당 자리의 학생들은 다시 빗자루를 가져와서 청소합니다.

모둠별 보상이 아닌 개인별로 청소왕을 뽑을 때도 있습니다. 주어진 시간 동안 가장 많은 먼지와 쓰레기를 청소한 학생이 청소왕이 되는 날입니다.

"선생님, 저 청소왕 될 것 같지 않아요? 벌써 이만큼이나 모았어요!"
쓰레받기에 모은 쓰레기나 먼지 양을 비교하며 청소왕을 뽑는 활동이지만 청소 시간이 끝나지도 않았는데 제게 와서 자신이 모은 먼지들을 뽐냅니다. 청소가 끝나면 학생들은 자신이 쓸어 담은 먼지를 버리는 것이 아니라 책상 위에 올려둡니다. 청소왕은 교사가 아니라 학생들이 직접 뽑습니다. 모둠별로 1명씩 나와서 자신을 제외하고 먼지를 가장 많이 모은 학생들을 3명 선정해서 종이에 적어서 제출합니다. 평가하는 학생들이 제출한 종이에서 가장 많은 득표를 받은 학생이 청소왕이 되고 개인 보상(쿠폰 1개)을 받습니다. 청소왕은 되지 못했지만 이름이 언급된 학생들을 칭찬하는 것도 잊지 않습니다.

청소 시간을 싫어할 것 같지만 학생들은 청소 시간이 짧으면 아쉬워합니다. 하교 시간이 늦어질 것 같아 청소 시간을 생략하면 안 된다며 절규하고 청소왕 뽑는 날을 애타게 기다리기도 합니다. 자신의 자리를 스스로 정리하는 습관을 형성하기 위해 청소 시간은 꼭 필요한 시간입니다.

학급 보상

    학생들이 수업에 참여하는 태도와 경청하는 태도는 학급 운영에 있어서 저의 자부심이 되는 부분입니다. 돌이켜 생각해 보면 학생의 바른 자세는 칭찬과 보상의 덕이 매우 큽니다. 칭찬과 보상을 받기 위한 바른 자세가 몸에 배어 정착된 경우가 대부분입니다.

    별빛교실에서의 보상은 모둠 보상이 개인 보상과 학급 보상으로 이어집니다. 개인 보상만 이루어지는 경우 학급 태도의 변화를 이끌어 내는 데 어려움이 있고 모둠 보상만 이루어지는 경우에는 자칫 경쟁 구도가 과열될 수 있습니다. 모둠 보상을 학급 보상으로 연결 지으니 자신의 모둠이 아니더라도 우리 반 모두의 목표를 위해 수업 준비에서부터 수업 태도, 청소 시간까지 서로 돕는 모습을 보입니다.

    학급에서 이루어지는 보상이 필수라고 생각하지는 않습니다. 하지만 보상은 학생들의 즉각적인 태도 변화를 이끌어낼 수 있습니다. 다들 처음에는 보상을 위해 서로 돕다가도 나중에는 보상이 없어도 서로 돕는 분위기가 자연스럽게 학급 문화로 정착되고는 합니다. 보상으로 학급의 날이 만들어지고 학급의 날에는 소중한 추억들이 만들어져서 매해 학급 보상을 계속해서 이어가고 있습니다.

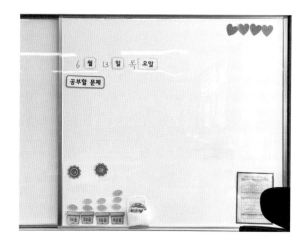

01
모둠 보상

우리 반 칠판 구석에는 늘 화분 모양의 모둠 그림이 붙여져 있습니다. 모둠 보상은 나뭇잎 모양으로 5개의 나뭇잎이 모이면 꽃을 올려줍니다. 꽃이 핀다고 표현하는데 모둠의 나뭇잎과 꽃의 개수로 활동의 우선권이 주어지고 가장 많은 나뭇잎이나 꽃이 핀 모둠은 하교할 때 쿠폰을 선물 받습니다. 학생들이 학교생활을 잘할 때 나뭇잎과 꽃이 올라가지만 반대의 경우에는 내려가기도 합니다. 나뭇잎과 꽃은 매일 하교할 때 다 떼서 새롭게 시작합니다.

하루에 모든 모둠이 꽃이 피는 경우에는 하트가 올라갑니다. 하트는 학급 보상이고 나뭇잎, 꽃과 달리 한번 올라가면 내려가지 않습니다. 하트가 5개 올라간 다음 날에는 하트데이, 즉 학급의 날을 운영하는 날입니다. 모둠 보상(나뭇잎)이 올라가는 특정한 상황들이 있습니다.

1. 수업 준비

매 수업 시간마다 수업 준비가 되었는지 확인을 하며 모둠 보상을 합니다. 수업 준비가 되고 바른 자세로 교사를 바라보고 있는 모둠에게 보상을 줍니다.(나뭇잎 1개 올리기) 교과서, 필기도구, 준비물 등 수업 준비가 되었지만 교사를 바라보고 있지 않은 경우에는 모둠 보상을 주지 않습니다. 수업 준비가 되지 않은 경우나 수업 태도가 바르지 않은 경우에도 모둠 보상을 이용합니다.(나뭇잎 1개 내리기)

2. 수업 태도

수업 태도가 좋거나 칭찬하는 경우에도 모둠 보상을 활용하고 있습니다. 바른 자세로 앉아 있는 학생, 친구의 이야기를 경청하는 모둠, 활동이 끝난 뒤 바른 자세로 다른 학생들을 기다려주고 있는 학생 등 개인이 잘했을 때나 모둠원 모두가 잘했을 경우 모두 모둠 보상으로 연결됩니다. 칭찬은 구두로 하면서 손으로는 모둠 보상을 올려줍니다.

학급에서 이루어지는 모든 활동의 우선순위는 모둠 점수 순서대로 합니다. 수업 시간에 활용하는 재료를 먼저 고른다거나 모둠 발표를 할 때 제일 먼저 발표하는 모둠을 고르는 등의 혜택을 줍니다. 학생들에게 물건을 나누어 주는데 종류가 다른 경우에도 고민할 필요가 없습니다. 모둠의 화분을 보면 됩니다. 수업 시간에 열심히 참여하고 바른 자세로 모둠 보상이 올라가는 것을 알고 있기 때문에 다른 학생들의 불만도 없습니다. 만약 나뭇잎이나 꽃의 개수가 같은 경우는 바른 자세로 앉아 있는 모둠에게 선택권을 줍니다.

하교하기 직전에는 하루에 가장 많은 모둠 보상(나뭇잎, 꽃)을 모은 모둠에게 개인 보상이 주어집니다. 개인 보상은 학급에서 사용 가능한 쿠폰을 주고 있는데 학생들에게 인기 만점입니다. 청소 시간이 끝난 후 청소 검사로 하루의 마지막 모둠 보상을 합니다. 쿠폰을 뽑기 전 마지막 모둠 보상이기 때문에 청소 시간이 짧으면 아쉬워하고 청소 시간이 길어질수록 좋아하는 재미있는 모습을 볼 수 있습니다.

개인 보상을 물건으로 주는 경우 학생들이 고마워하기보다는 교사가 주는 것을 당연하게 받는 모습들을 자주 봤습니다. 자신이 해야 할 일을 하고 나서 "선생님, 저 이렇게 행동했는데 선물 주세요.", "선물 없어요?" 하고 말하는 학생들, 학교에서 많은 물건들을 선물 받아서 물건을 아낄 줄 모르는 학생들을 보고 물질적으로 선물을 주는 것은 지양하고 있습니다. 개인 보상은 쿠폰으로 제공하고 있고 쿠폰은 학생들의 학교생활을 즐겁게 하는 요인이 됩니다.

모든 쿠폰은 아침 시간 인사 후 1교시 시작 직전에 선생님에게 제출해야 사용할 수 있습니다. 학생들이 사용하고 싶을 때마다 쿠폰을 사용할 수 있게 하면 누가 어떤 쿠폰을 썼는지 확인이 잘 안 되기도 하고 분위기가 어수선해집니다. 쿠폰을 사용할 수 있는 특정 시간대를 정하고, 쿠폰을 사용할 때는 어떤 쿠폰인지 읽어 주면 학생들끼리 서로 확인할 수 있어서 편합니다.

1. 자리 이동권

하루 동안 원하는 자리에 앉을 수 있습니다. 어디에 앉을지 말한 뒤에 책상과 의자를 모두 옮깁니다. 자리를 옮긴 날에는 해당 모둠이 되어 생활합니다. 청소, 모둠 보상도 그날에는 바뀐 자리의 모둠 친구들과 함께합니다.

2. 친구 소환권

짝으로 다른 친구를 소환할 수 있습니다. 자리를 이동할 때는 책상과 의자도 같이 옮깁니다. 학급 토의를 통해 스페셜 쿠폰으로 만든 쿠폰인데 인기가 좋아서 계속해서 사용하고 있습니다.

3. 일일 DJ권

청소 시간에 듣고 싶은 노래를 들을 수 있습니다. 쿠폰을 사용하면 작은 이면지에 3곡을 쓰고 옵니다. 동요, 가요 등 친구들과 함께 들을 만한 노래를 선정해야 합니다. 청소 시간에 맞춰서 1절만 틀어주고 있습니다.

4. 발표 우선권

하루 동안 마음대로 친구들에게 발표를 시킬 수 있습니다. 발표하는 시간에 손을 든 친구들 중에 발표자를 선택합니다. 가위바위보 발표를 할 때는 발표 우선권을 사용한 학생과 가위바위보를 하고 발표 총의 경우에는 발표 우선권을 사용한 학생부터 시작합니다. 자신이 발표하고 싶을 때는 자신을 지목할 수도 있습니다. 모둠 발표 순서도 발표 우선권을 사용한 학생이 정합니다.

5. 일일 회장권

학급 회장이 되어 친구들의 줄을 정돈하는 데 도움을 주고 학급의 인사를 하는 역할을 맡습니다. 학급 회의를 하는 날에는 사회자 역할을 맡습니다. 학급 회장의 경험이 없는 학생들도 짧지만 학급 임원의 역할을 할 수 있습니다.

6. 청소 자유권

자리 이동권과 함께 가장 인기 많은 쿠폰입니다. 청소 자유권을 쓰는 학생은 청소 시간에 자리 검사를 하지 않습니다. 청소 자유권을 사용하는 학생을 제외한 학생들의 자리가 깨끗한 경우 모둠 보상(나뭇잎 1개)을 받을 수 있고 청소 자유권을 사용했는데 자리가 깨끗한 경우 학급 보상을 한 개 더 받을 수 있습니다.(나뭇잎 2개) 한 모둠에서 청소 자유권을 3개를 사용한 날에 모든 학생들의 자리가 깨끗하면 나뭇잎을 4개나 받을 수 있어서 청소 시간에 모둠 순위가 뒤바뀌고는 합니다. 그래서 청소 자유권을 제출한 학생들도 자신의 자리를 열심히 청소합니다. 모둠 점수에 큰 영향을 주는 쿠폰이라 쿠폰을 뽑을 때면 청소 자유권이 나오기를 바라는 학생들이 많고 실제로 청소 자유권을 뽑으면 모둠 친구들도 함께 환호를 지릅니다.

7. 급식 우선권

급식을 가장 먼저 먹을 수 있습니다. 점심놀이 시간을 길게 갖고 싶거나 맨 앞에 자신이 같이 급식을 먹고 싶은 학생이 있는 경우 사용합니다.

8. 1인 1역할 교환권

원하는 1인 1역할을 하루 동안 자신의 역할과 바꿔서 할 수 있습니다. 보통 별별이야기꾼, 밀대 역할을 좋아합니다. 스페셜 쿠폰으로 학급 토의를 통해 학생들이 만든 쿠폰입니다.

9. 1인 1역할 우선권

한 달을 마무리하며 1인 1역할을 뽑을 때 가장 먼저 자신이 원하는 역할을 선점할 수 있습니다. 1인 1역할을 바꾸는 날 사용합니다.

10. 간식 교환권

학생들에게 비타민, 사탕 등 작은 간식을 선물해 줍니다. 의외로 학생들에게 가장 인기가 없는 쿠폰입니다. 간식 교환권을 뽑은 학생들은 한숨을 내뱉을 정도로 간식보다는 학교생활에 즐거움을 주는 다른 쿠폰들을 선호합니다.

11. 숙제 면제권

간식 교환권과 마찬가지로 학생들에게 인기가 없는 쿠폰입니다. 숙제 면제권이지만 수업에 필요한 숙제만을 내는 경우가 대부분이라 기특하게도 숙제 면제권을 뽑은 학생들은 쿠폰을 자진 반납하고는 합니다.

쿠폰 사용 방법

1. 쿠폰은 언제 사용하나요?

매일 아침 시간 인사를 하고 교사의 안내 사항이 끝나면 "쿠폰 쓸 사람?" 하고 물어봅니다. 이때 쿠폰을 사용할 학생은 한 줄로 나와서 쿠폰을 사용하며 제출합니다. 1인 1역 우선권, 숙제 면제권은 예외입니다. 1인 1역 우선권은 매달 말 1인 1역을 바꿀 때 사용하고 숙제 면제권은 숙제가 제시된 순간에 사용합니다.

2. 사용하고 싶은 쿠폰이 중복되는 경우 어떻게 하나요?

동시에 쓸 수 있는 쿠폰도 있지만 급식 우선권, 일일 DJ권, 일일 회장권 등 하루에 한 명만 사용 가능한 쿠폰도 있습니다. 이런 경우에는 가위바위보를 해서 이긴 사람부터 쿠폰을 사용합니다. 급식 우선권의 경우에는 진 학생이 2번째로 먹을지, 다른 날에 사용할지 선택할 수 있습니다.

하트데이

✦

　해가 지난 후에도 학생들은 별빛교실에서의 시간을 소중하게 기억하고
는 예쁜 말들을 하는데 별빛교실을 떠올리면서 하트데이에 대한 이야기
는 빠짐없이 나옵니다. 이처럼 하트데이는 별빛교실 학생들이 가장 좋아
하는 날이면서 동시에 별빛교실 하면 가장 먼저 떠오르는 추억이 되는 날
입니다.

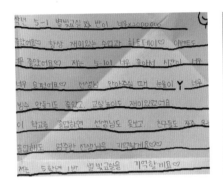 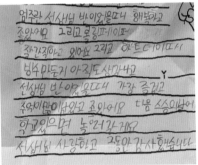

(01)

하트데이(학급의 날) 하는 날

별빛교실에서는 모둠 보상이 학급 보상으로 연결됩니다. 모둠의 모든 학생들이 수업 준비가 되었을 때, 바른 자세로 경청할 때, 청소를 깨끗이 했을 때 등 모둠 화분에 나뭇잎이 올라가고 나뭇잎 5개를 모으면 꽃이 됩니다. 모든 모둠에 꽃이 핀 날, 즉 우리 반 모두가 학교생활을 열심히 한 날에는 학급 보상인 하트 1개가 올라갑니다. 모둠에 핀 꽃을 다른 모둠에게 나누어줄 수 없고, 우리 모둠만 잘하는 것이 아니라 다른 모둠도 잘해야 학급 보상이 올라가기 때문에, 수업 준비가 안 된 친구들을 챙기고 우리 모둠뿐만 아니라 다른 모둠의 자리 청소를 도와주는 등 서로를 도와주는 예쁜 모습을 볼 수 있습니다. 도움을 받은 경험을 기억하고 다시 도움을 주기도 합니다. 이런 경험을 통해 학생들은 도움을 주고 받는 것의 즐거움과 기쁨을 배웁니다. 우리 모둠과 다른 모둠이 경쟁을 하는 상대가 아니라 우리 모두가 한 반이고 한 팀이라는 것을 느낍니다.

모둠 보상(나뭇잎, 꽃)은 매일 처음부터 다시 시작하지만 학급 보상은

떼지 않고 칠판의 위쪽 구석에 붙여 놓습니다. 하트가 5개 올라간 다음 날
은 학생들이 원하고 원하던 하트데이(학급의 날)입니다. "축하합니다!" 하
고 하트를 5개 올리는 순간 학생들은 온 세상을 가진 듯 기쁨의 함성을 지
릅니다.

(02)

학생들이 함께 만드는 하트데이

하트데이는 학급에서 2시간 동안 교과수업이 아닌 추억을 쌓을 수 있는
활동을 진행합니다. 하트를 다섯 개 모은 날 하교하기 전에 학생들과 2시간
동안 어떤 활동을 할 것인지에 대해 간단한 학급 토의 시간을 갖습니다. 하
트데이는 교사가 진행하는 날이 아닌 학생들이 친구들과 함께 만드는 날입
니다. 교실 놀이, 영화 보기, 장기 자랑, 알뜰시장 등 학교에서 했던 활동 중
재미있었던 활동들이 후보로 나옵니다. '학교에서 이게 될까?' 하는 것들을
예시로 말해주면 더욱 재미있는 의견들이 나옵니다. 후보들을 정리해서 의
논하는 과정을 가진 뒤 투표를 통해서 하트데이에 할 활동을 결정합니다.
즐겁게 토의하고 결정된 활동들은 학교에서 할 수 있는 활동이라면 모두 허용했습니다. 단, 개인 시간 갖기, 자유시간은 허용하지 않았습니다. 학급의 날은 모두와 함께 추억을 쌓을 수 있는 즐거운 활동이어야 합니다.

활동을 정했다면 교사는 활동을 연출하는 역할을 합니다. 교사의 아이디어를 한 스푼 넣으면 더욱 즐거운 활동을 할 수 있습니다. 학생들의 반응이 좋았던 활동으로는 물총놀이, 과자뷔페, 빙수 만들기, 파자마 파티가 있었습니다. 교과 활동 내에서 쉽게 할 수 없는 활동들을 함께 하는 하트데이에 학생들은 진심을 담아 참여하고 교실에는 행복이 팡팡 터져나옵니다.

1. 물총놀이

뜨거운 햇빛이 내리쬐는 여름에는 물총놀이를 했습니다. 물총놀이를 하는 것으로 결정하니 작은 페트병, 우비, 수건, 여벌 옷 등 준비할 것은 많았지만 학생들 얼굴에는 기대가 가득했습니다. 물총놀이를 하기 전에는 교실에서 사전 준비를 했습니다. 미술시간을 활용해서 페트병 뚜껑에 구멍을 뚫고 매직으로 알록달록하게 꾸몄습니다. 자신만의 무늬로 꾸민 페트병은 근사한 물총으로 변신했습니다. 물총이 완성되면 라벨지에 자신의 이름을 매직으로 예쁘게 꾸미고 우비의 등 쪽에 붙인 뒤에 물총을 챙겨서 운동장으로 나갔습니다.

그냥 자유롭게 노는 것보다는 미션을 주면 활동이 더욱 재미있어집니다. 물총놀이의 미션은 '친구들의 이름에 물총을 쏴서 최대한 번지게 하기'였습니다. 큰 대야에 미리 물을 받아서 준비하고 페트병에 물을 담기 시작했습니다. "물총 발사!" 하는 교사의 구령에 맞춰서 시간 가는 줄 모르고 신나게 물총놀이를 했습니다.

2. 빙수 만들기

빙수 만들기를 했던 날은 사실 물총놀이를 계획했던 날이었습니다. 이전에 하트데이 날 했던 활동들을 쭉 나열해준 것 중에 물총놀이에 눈이 동그래지더니 거의 몰표로 물총놀이가 선택됐습니다. 안타깝게도 장마 기간이었기 때문에 물총놀이를 할 수 없어서 하트데이를 무기한 연기하고 있었습니다. 비는 계속 내렸고 곧 여름방학이 될 것 같아 대체할 수 있는 활동을 선택해야만 했습니다. 학생들의 기대는 한껏 올라갔었고 2등 후보였던 과자 파티로는 아쉬움을 달랠 수 없을 것 같았습니다.

"우리… 빙수 만들어 먹자!"

빙수라는 두 글자에 물총놀이의 아쉬움은 날아가고 모두의 눈빛이 반짝였습니다. 모두의 동의를 받는 것은 3초도 걸리지 않았습니다. 빙수 만들기를 하기 위해 모둠 토의를 빠르게 진행했습니다. 개인 준비물과 모둠 준비물을 나누고 다음 날 하트데이를 진행했습니다. 우유를 냉동실에 얼리고 아이들이 가져온 것들은 등교하자마자 꺼내서 학년 협의실 냉장고에 보관했는데 가방 속에서 꺼내는 것들을 보고 웃음이 나왔습니다. 팥, 떡, 각종 과일, 초코 시럽, 연유까지 빙수 만들기에 다들 진심이 듬뿍 담겼

습니다. 어머니가 카페를 한다는 학생은 카페에서 판매하는 빙수 재료들을 한아름 가져와서 등교할 때부터 학생들의 감탄을 한몸에 받았습니다. 카페에서 파는 재료들을 몽땅 가져와 버린 것 아니냐고 묻자 오히려 엄마가 더 신났다는 대답에 다들 웃음꽃이 폈습니다.

빙수를 만드는 시간에는 모둠별로 가져온 준비물들을 모두 펼쳤습니다. 큰 그릇에 언 우유를 넣고 준비한 재료들을 몽땅 넣어서 섞었습니다. 숟가락으로 얼음을 깨서 재료들을 섞는 재미가 있었고 모둠마다 각양각색의 빙수가 탄생했습니다. 시원한 빙수를 먹으며 영화를 보니 "선생님, 너무 행복해요!" 하는 말이 쉬지 않고 들렸던 하루였습니다.

3. 과자 뷔페

과자 뷔페는 과자 파티를 보다 재미있게 할 수 있는 방법입니다. 모둠별로 가져온 과자로 메뉴 이름을 짓고 그릇에 예쁘게 담아서 전시합니다. 긴 테이블을 양  옆으로 준비해주면 뷔페 분위기는 한층 살아납니다. 한 학생은 꼬치를 가져와서 떡꼬치와 생선 꼬치라고 이름을 붙여 과자 꼬치를 만들었는데 창의적인 아이디어로 학생들의 관심을 한몸에 받았고 과자 메뉴 중 가장 먼저 완판되었습니다.

자신이 가져온 과자만 먹는 과자 파티와 달리 과자 뷔페를 하면 개인

접시와 숟가락으로 친구들의 과자를 나눠 먹을 수 있다는 장점이 있습니다. 창의적으로 만든 메뉴가 주는 즐거움은 덤입니다. 친구들이 다 먹은 과자는 "품절이요!" 하며 정리합니다.

(03)

드레스코드

학급토의로 하트데이에 할 활동을 결정한 뒤에는 하트데이의 드레스코드를 정합니다. 학급의 날에는 하나의 주제를 정해서 옷을 맞춰 입고 옵니다. 작은 부분이지만 드레스코드는 우리 반 친구들과 소속감을 갖고 즐거운 날이 되는 데 큰 역할을 합니다. 하지만 드레스코드는 필수가 아니라 하고 싶은 학생들만 입고 오는 것을 강조합니다. 하트데이를 위해 일부러 옷을 사 오는 학생들로 당혹스러운 경우가 있었습니다. 선택 사항임을 강조해도 "우리 엄마가 어차피 옷 사려고 했대요!" 하며 새 옷을 입고 오는 학생들도 있습니다. 작은 학급 행사지만 학생들만큼 관심을 갖고 지지를 보내주는 학부모님께도 감사한 마음이 듭니다.

분홍색, 노란색 등 통일된 색을 결정하는 경우도 있고 특별한 옷을 선택하는 경우도 있었습니다. 예를 들어 검정색 옷을 선택한 학생들은 자신이 입을 수 있는 모든 것을 검정색으로 맞춰왔습니다. 검정색 상의, 하의는 물론 양말, 가방, 시계 등 모두 검정색으로 맞춰 입었고 남학생인데도 누나의 검정색 머리끈을 손목에 가득 감고 와서 함께 웃었습니다. 무지개를 선택했던 학생들은 머리부터 발끝까지 최대한 다양한 색을 입고 무지개 액세서리, 장난감을 가져왔습니다.

오늘 **하트**데이는 1학기 중 가장 재밌고 소중한 추억이될 것 같아요!! 너무 즐거웠고 다음에 또 **하트**를 열심히 모아서 즐겁게 놀고싶어요. 꼬리잡기를 할 때 구미호가 되지 못해서 아쉬웠지만 그래도 너무 재미있었어요! 발야구도 점수를 많이 얻어서 너무 기분이 좋았어요. 다음에는 더 많이 놀이를 하면 좋겠네요!! 앞으로도 열심히 학교생활 하고, **하트**도 더 열심히 모아서 친구들과 더 많은 추억들을 쌓고싶어요. 빙수도 생각보다 달기는 했지만 그래도 맛있었어요😄 영화도 너무 재미있었어요. 선생님, 감사합니다 🖤

오늘 **하트**데이는 축제 같이 더 재밌었고, 특히 5교시동안 **하트**데이를 했다는게 진짜 ..
👍오늘 빙수도 맛있었고, 영화도 재밌게 잘 봤어요 😊 다음에도 **하트**데이 가즈아 ~~!
모두 즐거운 하루 보내고, 다음주는 힘차게 공부하고, 방학식이랑 1학기 잘 마무리 해봅
시다 🖤 우리를 즐겁게 해주신 선생님 감사합니다 🙇 ♥**하트**데이♥ 벌써 끝나다니 .. ㅜ
너무 아쉽긴 하지만 그래두 즐거운 하루가 된거 같아요 ⭐ (수정됨)

가장 재미있는 드레스코드는 캐릭터로 꾸며오는 날입니다. 캐릭터로 결정되는 날에는 캐릭터 옷의 색을 맞춰서 입고 오거나 캐릭터 잠옷을 입고 오는 학생, 가면을 손수 만들어오는 학생도 있었습니다. 머리부터 발끝까지 캐릭터 의상을 직접 만들어 온 학생의 경우 전날 다섯 시간 동안 엄마랑 의상을 만들었다는 말에 감탄의 박수를 쳤습니다. 눈과 입까지 탈부착으로 만들어 온 학생은 하루 종일 학교에서 연예인이 되었습니다. 작년 별빛교실 선배들이 옷을 보고 "오늘 하트데이 해요?" 하며 후배들에게 즐겁게 하라고 인사를 하고 가는 훈훈한 모습도 피어났습니다.

학생들은 등교하면서부터 서로가 준비한 의상을 살펴보며 아침부터 웃음이 가득합니다. 친구들이 등교할 때마다 눈을 반짝이며 박수를 치기도 합니다. 서로 대화를 많이 하지 않았던 학생들끼리도 준비한 의상을 보고 먼저 다가가서 함께 대화하는 모습이 보기 좋습니다. 하트데이가 끝날 때는 간단한 패션쇼를 합니다. 패션쇼는 학생들이 한 명씩 일어나서 자신이 준비한 의상에 대해 설명을 하는 시간입니다. 의상을 준비하지 못한 학생은 "패스!" 하고 말하면 됩니다. 오늘 가장 잘 입은 학생을 투표로 뽑고 뽑힌 학생들에게는 작은 선물을 줍니다. 하트데이를 더욱 즐겁게 만들게 해준 고마움의 표현입니다. 패션쇼까지 마무리하면 단체 사진을 찍고 하트데이를 마무리합니다. 찍은 사진은 학급 어플에 올려서 학부모와도 공유합니다. 하트데이가 끝나면 학생들은 다시 하트를 열심히 모으자며 서로 화이팅을 외칩니다. 학생들이 계속해서 학급 생활을 더 열심히 하게 되고 추억을 쌓게 되는 학급의 날입니다.

5장
반짝이는
추억 조각들

어린이날

"이 세상 모든 어린이들은 행복해야 한다."라는 문장이 떠오르는 어린이날입니다.

어린이날만큼은 우리 아이들이 더욱 행복한 날을 보냈으면 하는 마음에 보물찾기라는 작은 이벤트를 준비합니다. 어린이날 전날이 되면 학생들에게 하고 싶은 짧은 문장을 한글 파일에 적어 색지에 인쇄해서 준비합니다. 글자 수는 우리 반 학생 수의 2배 정도가 되는 숫자면 딱 좋았습니다. 한 글자씩 잘라서 두 번 접어 준비합니다. 어린이날 전날에 종이를 숨겨두면 아침에 등교하자마자 미리 온 학생들이 종이를 다 찾아버리고는 해서 준비만 하고 당일 전담 시간, 쉬는 시간 등을 이용해 종이를 교실 곳곳에 숨깁니다. 준비물 통에 넣기도 하고 게시판 대지 위에 올려두기도

합니다. 색지에 인쇄했기 때문에 눈에 잘 띕니다. 어린이날 학급 시간표에 맞춰서 적당한 시간대에 종이를 다 숨기고 깜짝 발표를 합니다. 전담 수업이 없거나 숨길 시간이 마땅치 않으면 학생들에게 책상 위에 엎드리라고 한 뒤 대놓고 숨기는 시간을 갖기도 합니다.

"얘들아, 오늘 무슨 날이지? 맞아! 어린이날을 맞아 특별 이벤트를 준비했어! 어떤 이벤트를 준비했는지 주위를 둘러보렴!"
선생님의 말에 함성이 터짐과 동시에 눈을 반짝이며 주위를 둘러봅니다. 재빠르게 노란색 종이를 찾은 학생이 "보물찾기요!!" 하고 외칩니다. 정답이라고 외치며 보물찾기를 한다고 하면 학생들이 흥분하며 자리에 벌떡 일어나기 시작합니다. 모두 자리에 앉히고 어린이날 보물찾기의 규칙을 말합니다.

1. 보물은 한 사람당 2장씩만 찾기

특정한 한 명이 다 찾아버리면 다른 친구들이 즐거울 기회가 없어진다는 점을 안내합니다. 2장을 찾은 학생들은 더 이상 보물을 찾지 않고 다른 친구들에게 말로만 도와 줄 것을 약속합니다. 어린이날에 모두가 즐거울 수 있도록 서로 배려하는 모습을 기르자고 합니다. 자기 몫의 종이를 찾은 학생은 [다했어요] 판에 자석을 붙입니다. 모든 학생들이 다 찾았는데 아직 찾지 못한 보물찾기 종이가 있는 경우에만 다시 찾을 수 있습니다.

2. 보물찾기 종이 문장 완성하기

보물찾기 종이를 찾으면 하루 동안 칠판 한 칸에 종이를 자석으로 붙여서 어떤 문장이 될지 맞혀봅니다. 하교하기 직전에 모든 문장을 완성하면 미션 성공입니다. 보물찾기 종이를 쉬운 곳에 숨겨놓기도 하지만 어려운 곳에 숨

기기도 해서 다 찾지 못하는 경우도 있습니다. 아쉬운 표정들로 가득할 때 어린이날의 또 다른 선물이라면서 빈 칸에 들어갈 글자를 적어서 문장을 완성해도 성공이라고 해주고 있습니다.

하교하기 직전까지 문장이 완성되지 않은 경우 약 10분간 같이 보면서 모든 학생들이 같이 문장을 완성합니다. 혹시나 보물찾기를 하면서 종이를 못 찾은 학생이 있다면 친구들과 함께 맞춘 단어들을 칠판에 정리하면서 적는 대표 학생으로 지정합니다. 우리 반 모두가 참여하는 어린이날이 되어야 합니다. 모든 문장을 완성하니 "와… 보물은 선생님 편지였어요!" 하던 따스한 말이 생각납니다. 짧은 글이지만 학생들은 완성된 문장을 보며 함박웃음을 짓습니다.

편지를 완성하면 학생들에게 작은 선물을 줍니다. 달달하게 어린이날을 보내라는 의미에서 하나씩 포장한 초콜릿과 앞으로도 배움이 가득한 교실을 만들자는 의미에서 별빛교실 문구를 각인한 연필입니다. 작은 선물이라며 어린이날 행복하게 보내라는 말과 함께 한 명씩 나눠주는데 학생들은 "작긴요! 너무 큰걸요!!" 하며 행복해합니다.

스승의 날

　감사의 마음을 표현하는 5월이지만 괜히 스승의 날이 되면 인터넷을 보기가 꺼려집니다. 스승의 날을 축하하고 기념하는 글보다는 선생님들을 폄하하는 글들이 보일 때마다 속상한 마음이 듭니다. 고맙게도 스승의 날을 기념해서 감사의 마음을 전하는 학생들이 있어서 행복하기도 했지만 사실 교실에서 스승의 날은 없는 날인 듯 지나갔기 때문에 스승의 날을 모르고 지나치는 학생들도 많았습니다. 우리 반에서 스승의 날은 그저 지나가는 하루일 뿐이었습니다. 그러다 몇 년 전 한 메시지를 받았습니다.

"안녕하세요, 엄주란 선생님이죠? 스승의 날을 맞아 선생님에게 편지를 쓰는 시간을 가졌는데 선생님에게 쓴 편지들이 있어 파일로 보냅니다. 좋은 하루 보내세요^^"

다른 학교, 얼굴도 마주쳐본 적 없는 선생님께서 무려 제가 신규일 때 맡았던 1학년 학생들이 5학년이 되어 쓴 편지를 파일로 보내주셨습니다. 정말 큰 감동이었고 한껏 의젓해진 글씨에 담긴 학생들의 따뜻한 마음에 선생님으로서 큰 보람을 느꼈습니다. 이때부터 스승의 날에는 선생님에게 감사의 마음을 표현하는 편지를 쓰는 시간을 가지기 시작했습니다. 교실에서 편지를 쓰는 시간에는 올해 담임선생님인 제게 쓰는 것이 아닌 작년 담임선생님, 우리 반 수업에 들어오는 전담 선생님, 교장선생님, 교감선생님 등 우리 학교 선생님들 중 감사의 마음을 전하고 싶은 선생님들께 편지를 쓰도록 하고 있습니다. 학생들은 선생님과 함께했던 추억들을 떠올려보고 선생님에게 감사의 마음을 담아 글로 표현합니다. 스승의 날에 선생님들을 떠올리며 감사의 마음을 표현하는 학생이 되었으면 했고 동료 선생님들이 작은 보람을 느낄 수 있는 날이 되었으면 하는 바람이 담겨 있습니다.

작년 스승의 날 다음 날, 함께 근무하고 있는 교장선생님께 점심 놀이 시간에 잠시 시간 괜찮냐는 연락을 받았습니다. '혹시 무슨 일이 생겼나.'고 민하며 들어간 교장실에서 생각지도 못한 선물을 받았습니다. 교장선생님께서 건넨 것은 답장이었습니다. 스승의 날을 기념해서 우리 반 학생들에게 편지를 받고 한 명씩 답장을 써주신 것이었습니다. 그때 받은 감동이란! 올해 스승의 날에도 교장선생님께서 부르시길래 '설마?' 했는데 역시나 답장을 받았습니다. 학생들에게 "교장선생님께서 답장을 써주셨어!" 하고 답

너와 내가 함께 반짝이는 별빛교실

장을 전달하니 "헉!" 하면서 웃음을 숨기지 못한 채 바로 자리에 가서는 편지를 찬찬히 읽어 보는 학생들의 모습이 참 예뻤습니다. 교장선생님의 마음을 배워 올해는 저도 편지를 보내온 작년 별빛교실 학생들에게 답장을 적어보았습니다.

노란 색지를 꺼내 한때 학생들의 자부심이 되었던 상 스티커를 붙이고 편지를 적어가기 시작했습니다. 별빛교실에서 함께했던 추억을 소중하게 기억해주고 있는 학생들에게 오랜만에 마음을 적어 내려가는 일은 왠

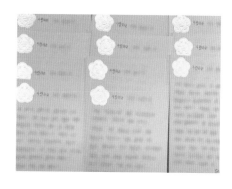

지 모르게 신이 났습니다. 제게 보내는 편지에 작은 사탕을 넣어 온 학생도 있어서 '나는 어떤 걸 넣어줄까?' 하며 사탕 바구니를 보다가 문득 반짝이는 생각이 들었습니다. 우리 반 학생들이 사탕보다 좋아하던 쿠폰! 떡볶이 쿠폰을 만들기 시작했습니다. 뒷장에는 졸업할 때 선생님에게 번호를 물어보는 학생에게는 번호를 공개하겠다는 내용을 적고 졸업 후 선생님과 떡볶이를 같이 먹을 수 있는 떡볶이 쿠폰을 만들어 편지 속에 넣었습니다. 아직 같은 학교에 있는 학생들이라 다음 날에 전달하는데 "답장!"이라는 두 글자에 생각보다 더 좋아하던 학생들의 모습에 저까지 행복해졌습니다. 오랜만에 받은 쿠폰으로 학생들은 벌써 졸업이 기다려진다고 합니다. 스승의 날에 학생들은 감사의 마음을 표현하고 교사도 사랑을 표현하는 하루가 되었다는 게 참 행복했습니다.

별빛 라디오

별빛 라디오는 서로의 고민 상담을 해주는 시간입니다. 학기에 1회 또는 1년에 1회 하고 있습니다.

"별빛 라디오에 나온 사연들은 우리 반만의 비밀이야. 교실 밖으로 이 이야기가 나가지 않게 약속할 수 있지?" 진지하게 자신의 고민을 털어놓는데 행여나 가벼운 언행과 행동으로 마음의 문을 닫을까 걱정이 되어 별빛 라디오를 하는 시간에는 장난을 치지 않는 것을 사전에 약속하고 활동을 진행합니다.

별빛 라디오의 방법은 다음과 같습니다. 우선 익명으로 자신의 고민을 써서 상자 안에 넣습니다. 고민 상담자 본인이 실명을 밝혀도 괜찮다면 실명을 쓰기도 합니다. 함께 나누고 싶은 고민을 다 적었다면 한 명씩 나와서 랜덤으로 고민을 뽑아서 갑니다. 쪽지에 적힌 고민글을 읽고 고민에 대한 해결 방법을 진지하게 생각해서 답장을 적어줍니다. 답장을 모두가 적었다면 뽑은 고민과 자신이 쓴 답장을 발표합니다. 고민에 대한 다른 조언을 해줄 수 있는 학생들은 손을 들어 발표하며 여러 방면으로 해결 방법을 함께 고민합니다. 걱정이 무색할 만큼 별빛 라디오를 할 때 학생들은 학년에 상관없이 친구들의 고민을 진지하게 대하고 깊은 대화를 나눕니다. 친구에 대한 고민, 부모님에 대한 고민, 동생에 대한 고민, 공부에 대한 고민 등

서로의 이야기에 공감하고 다양한 해결 방법을 함께 고민합니다.

고민을 적으면서 신청곡을 작성한 사람이 있다면 고민에 대한 대화를 충분히 나눈 이후에 1절을 듣고 다른 고민으로 넘어가기도 하고 상담을 해준 학생이 고민 상담자를 위해 노래를 추천해주기도 합니다. 동생과 자주 싸운다는 고민에 "얼굴 찌푸리지 말아요.", 쓰레기가 보일 때 혼자 줍기 눈치 보인다는 고민에는 "착한 사람들이 지구를 지켜요." 등 적절한 선곡에 웃음꽃이 핍니다. 별빛 라디오 활동이 마무리되면 답장에 친구의 고민을 붙이고 앞으로 제출해서 자신의 고민을 가져갑니다. 친구들이 해주는 말이 현실적이면서도 위로가 되었는지 소감을 발표하는 시간에는 고마움을 전하는 말들이 많습니다.

학급 어플 게시판에 고민 상담소 관련 링크를 만들어서 익명으로 고민을 올리고 답장을 댓글로 쓰는 활동을 할 수도 있습니다. 이 경우에는 여러 개의 고민들을 동시에 읽으면서 댓글을 남길 수 있다는 장점이 있습니다. 공감 가는 고민에는 좋아요 표시를 누르면서 해당 친구의 마음에 공감할 수도 있습니다.

친구 시험

"놀이할래? 시험 볼래?"

눈치를 채고 활짝 웃으며 동시에 외칩니다.

"시험이요!!!"

별빛교실 학생들이 정말 좋아하는 친구 시험입니다. 모둠 활동, 짝 활동을 많이 하기는 하지만 1년 동안 함께 지내도 서로 대화를 많이 하지 않는 학생들이 있습니다. 마음 글쓰기를 읽다가 2학기인데도 친구의 이름을 잘못 알고 있는 경우가 있어서 '수업 시간 외에 여러 친구들과 대화하고 관계를 맺을 수 있는 활동으로 어떤 것이 있을까?' 하고 고민하다가 진행했던 활동입니다.

학생들이 무척이나 좋아하는 활동이기도 하고 관계 맺기 활동으로도 좋아서 해마다 하고 있습니다. 간단한 활동이지만 친구 시험을 언제 할지 모르기 때문에 곧 친구 시험을 할 예정이라고 하면 학생들은 대화를 많이 해보지 않은 친구들과 일부러라도 대화를 나눕니다. 친구 시험을 보기 전에는 10분 동안 자유롭게 돌아다니며 친구를 인터뷰합니다. 이때 내가 잘 알고 있는 친구보다는 대화를 많이 해보지 않은 친구에 대한 정보를 파악하는 것이 문제를 맞히는 데 더 도움이 된다고 안내합니다. 학생들은 친구들을 만나며 "좋아하는 음식이 뭐야?", "너는 어떤 과목을 좋아해?", "생일은 언제야?" 등 서로에 대해 질문을 하며 대화를 나눕니다.

10분이 지나면 학생들은 자신의 자리에 앉아 연습장이나 개인 칠판을 준비합니다. 교사는 랜덤 프로그램으로 주인공을 1명 뽑습니다. 교실 앞에 모둠 칠판과 보드마카를 준비하고 뽑힌 학생은 교실 앞으로 나와 앉습니다. 교사는 주인공에 대한 질문을 합니다. "○○가 가장 좋아하는 음식은 무엇인가요?", "○○는 형제자매가 있을까요?" "○○가 요즘 즐겨하는 취

미는 무엇일까요?" 등 질문은 여러 가지가 될 수 있습니다. 주인공은 모둠 칠판에 정답을 크게 쓰고 나머지 학생들은 연습장이나 개인 칠판에 자신이 생각하는 정답을 적습니다. 총 5개의 문제를 내고 선생님의 질문에 정답을 쓴 학생들이 손을 들면 주인공이 바른 자세로 앉아 있는 친구를 지목하며 퀴즈 놀이를 합니다. 3명의 친구가 정답을 말하지 못하면 이제는 주인공이 정답을 발표합니다. "○○의 좋은 점은 무엇인가요?"라는 질문을 할 수도 있습니다. 이런 질문에는 주인공이 인정하는 모든 답변이 정답이 됩니다. 모든 문제가 끝나면 주인공은 3점 이상을 맞힌 친구들과는 한 손, 모든 문제를 맞힌 친구들과는 양손으로 하이파이브를 하며 자신의 자리로 돌아갑니다.

친구 시험은 틀려도 괜찮습니다. 친구 시험을 통해 주인공 친구에 대해서 더욱 잘 알게 되면 성공입니다. 친한 친구인데도 문제를 다 맞히지 못했다며 "저 ○○랑 엄청 친한데 1점 맞아서 반성했어요." 하며 아쉬워하는 학생들도 있고 친구가 좋아하는 아이스크림을 듣고 나중에 편의점에서 그 아이스크림을 보니까 친구가 생각났다는 학생들도 있습니다.

우리 반으로 귀한 인연을 맺은 친구들을 더욱 자세하게 알게 되고 많은 친구들과 대화하게 만드는 시험입니다. 친구 시험을 한번 해보면 "곧 친구 시험 하겠습니다~" 한마디에 조금은 어색한 친구에게 먼저 다가가서 대화를 나눕니다. 어색해하다가도 곧잘 어울리는 모습이 보기 좋습니다.

장점 찾기

✦

　서로의 장점을 찾아 이야기해주는 선물 같은 시간입니다. 교사는 장점
이 다양하게 적힌 종이를 준비하고 모두의 등 뒤에 테이프로 학습지를 붙
여 줍니다. 스티커를 받으면 스티커 위에 자신의 이름을 적습니다. 스티커
를 붙여 준 친구의 이름을 살펴볼 수 있습니다. 스티커는 넉넉하게 주고
장점에 스티커를 붙이는 시간도 충분히 줍니다. 학생들의 자존감 향상과
관계 개선을 위한 활동이기 때문에 최대한 많은 스티커가 붙여질 수 있도
록 합니다. 교사도 돌아다니면서 학생의 장점이라고 생각하는 부분에 스

티커를 붙여 줍니다. 장점이 여러 개 있는 경우 여러 개의 스티커를 붙여 주는 것도 좋습니다.

라벨지에 장점들을 써서 인쇄한 뒤 친구에게 직접 선물하는 활동으로 진행할 수도 있습니다. 장점을 선물해 주는 친구가 나를 어떻게 보고 있는지 드러나서 고마워하기도 하고 "나도 장점 줄 거야, 기다려 봐!" 하면서 친구의 장점을 찾아 선물하며 교우 관계를 긍정적으로 다지는 데도 효과가 있습니다.

학생들의 소감이 참 감동적입니다. "저는 제 장점이 이렇게 많은 줄 몰랐어요.", "친구들이 저도 몰랐던 제 장점들을 찾아줘서 너무 행복했어요.", "저도 친구들의 장점을 잘 찾아주는 사람이 되고 싶어요." 등 학생들의 자존감 향상에 도움이 되고 친구들을 마주할 때 좋은 점을 바라보는 시각을 길러줍니다.

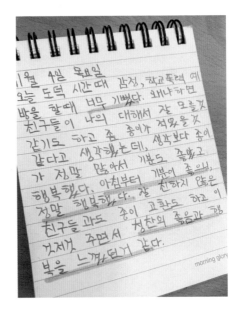

마니또

"우리 반 친구들과 하고 싶은 활동은?" 하는 질문에 해마다 나오는 대답이 있습니다.

"마니또요! 선생님 우리 마니또 해요~ 제발요~!"

'마니또'는 학생들에게도, 교사에게도 익숙한 활동입니다. 마니또는 말 그대로 비밀 친구입니다. 많은 교실에서 마니또 활동을 하고 있습니다. 하지만 제게 마니또는 해마다 시행착오가 있던 활동이었습니다. 익숙한 만큼 쉽게 생각했던 마니또 활동이지만 끝날 때마다 '다음 해에 마니또 활동 하게 되면 이런 건 좀 바꿔야겠다.' 하는 점들이 많았습니다.

첫 번째 고민해야 할 것은 마니또 활동 참여도의 차이였습니다. 마니또 활동을 정말 열심히 하는 학생이 있는 반면, 결과를 발표할 때 자신이 누구의 마니또인지 모를 정도로 참여도가 낮은 학생도 있었습니다. 당연히 마니또 활동을 열심히 하지 않았던 학생의 짝꿍은 다른 친구들과 비교하면서 마니또 활동을 하는 기간 동안 굉장히 속상해했습니다.

두 번째는 선물에 관련된 문제였습니다. 친구들에게 선물을 주고 싶다는 말에 처음에는 3,000원 이내의 선물을 허용했습니다. 하지만 선물을

허용하다 보니 마니또 활동의 목적에서 벗어나 학생들이 점점 선물에만 집중하게 되었습니다. 선물을 받지 못한 학생은 오늘도 선물을 받지 못했다며 선물만 찾게 되고 1번 문제와 이어져서 선물을 자주 받는 학생과 편지마저 받지 못한 학생의 만족도에 크게 차이가 났습니다. 결국 실망감이 쌓이고 다른 친구들과 비교하게 되면서 마니또를 발표하는 날 관계 개선이 아니라 오히려 관계가 소원해지는 상황이 생겼습니다.

여러 고민 끝에 마니또 활동을 하게 되면 다음과 같은 단계를 따르고 있습니다. 첫 번째, 마니또 활동을 하기 전에는 꼭 마니또 활동을 하는 목적에 대해 생각하는 시간을 갖습니다. 마니또를 뽑았을 때 친한 친구가 나오지 않으면 '아!' 하고 표정을 찌푸리며 탄식하는 학생들이 있었습니다. 그모습을 본 이후부터는 사전에 마니또 활동의 목적에 대해 이야기를 나누고 난 뒤에 활동을 시작합니다. 학생들에게 질문을 던집니다.

"우리가 마니또 활동을 하는 이유는 뭘까?"
학생들이 생각할 시간을 충분히 주면 생각보다 더 사려 깊은 대답을 들을 수 있습니다. 학생들의 대답과 연결 지어 마니또는 자신이 지금까지 대화를 적게 해본 친구이거나 조금 어색한 친구가 나오는 것이 가장 좋다고 말하며 시작합니다. 이후부터는 어떤 친구를 뽑든 친하지 않은 친구가 됐다며 탄식하는 소리가 없어졌습니다.

두 번째, 마니또 미션을 제시했습니다. 학생들이 마니또 활동을 좋아해서 정해진 기간 동안 설레고 신나기는 하지만 정작 마니또 활동으로 무엇을 해야 하는지 잘 몰라서 아무것도 하지 않는 경우가 많습니다. 친구를 돕는 행위가 학생들에게는 추상적으로 느껴지는 경우가 있습니다. 그래서 마니또로서 친구에게 할 수 있는 일들을 같이 고민하는 시간이 필요합니다. 학생들은 친구와 좋은 관계를 맺기 위해 할 수 있는 일들과 내가 친구를 위해 하고 싶은 일들을 사전에 작성했습니다. 단순히 '친구 돕기'가 아니라 친구가 등교하면 반갑게 인사하기, 청소 시간에 친구의 주변 자리를 함께 청소하기, 친구에게 칭찬의 말 한마디 하기처럼 구체적으로 적도록 했습니다. 자신의 마니또와 사진을 찍어 학급 어플에 올리기 미션도 있었는데 자신의 마니또를 특정할 수 없도록 많은 친구들과 사진을 찍어서 성별 구분 없이 매일 하교할 때면 사진을 찍는 풍경도 생겨났습니다.

마니또 기간 동안에는 하교 직전에 마음 글쓰기 대신 마니또 활동지를 하고 갑니다. 매일 확인하니 마니또 활동을 잊었던 학생들도 하루의 끝에 작게나마 친구를 위한 활동을 하려고 노력했습니다. 칠판 모퉁이에 마니또 활동 기간을 명시해두는 것도 좋았습니다.

세 번째, 선물은 직접 만든 것만 허용했습니다. 학생들이 타인에게 무엇인가를 베풀 때의 즐거움도 느꼈으면 해서 선물을 금지하지는 않았습니다. 대신 비밀 친구에게 주는 선물은 사오는 것이 아니라 직접 만든 것만 허용했습니다. 편지, 그림 등 정성이 들어간 선물이라 오히려 받는 학생들의 만족도가 높았습니다. 자신의 모습을 정성껏 그려준 친구의 그림을 자랑하며 마니또 활동이 끝나도 소중하게 간직하는 학생도 있었고 친구를 위해 집에서 직접 간식을 만들어온 학생도 있었습니다. 비밀 친구의 사물함이나 책상 위에 넣는 것이 긴장된다는 학생들을 위해 이동식 카트를 교실 모서리에 두고 학생들이 자유롭게 오가며 전해주고 싶은 것들을 넣을 수 있도록 했습니다. 이동식 카트에 담긴 것들은 매일 아침 시간마다 제가 전달해주었습니다.

마지막으로 소감을 발표하는 시간은 꼭 가졌습니다. 미리 배부했던 활동지 마지막 칸에는 자신의 비밀 친구에게 하고 싶은 말을 편지로 쓰게 한 뒤에 마니또 발표를 합니다. 교사는 랜덤 발표 프로그램으로 학생들을 뽑고 뽑힌 학생은 자신이 예상하는 친구의 이름을 말합니다. 교사가 "○○의 마니또는 일어나주세요~!"를 외치면 마니또가 일어나고 모든 학생들이 환호합니다. 자신이 쓴 활동지를 상대방에게 전달하고 상대방은 고맙다며 악수를 하거나 하이파이브를 하며 웃습니다. 모든 마니또가 발표된 이후에는 소감 발표를 합니다. 학생들이 서로를 돕고 나누는 것에 대한 기쁨을 느끼며 활동을 마무리합니다.

추억 사진 남기기

학생들이 수료하는 날 학급 어플에 마지막 편지를 남기며 사진첩에 들어가 보면 사진이 최소 600장 이상 담겨 있습니다. 교육 활동을 하며 매일 사진을 찍을 수는 없지만 학교생활을 하면서 학생들의 사진을 많이 찍는 편입니다. 함께 쌓은 추억을 되짚어보는 데는 사진이 최고입니다. 학생들은 교사가 올려주는 사진으로 매일을 추억하고 학급의 사진을 저장해서 자신의 프로필 사진으로 쓰거나 핸드폰의 배경화면으로 지정하는 등 우리 반에 대한 애정을 키우며 함께하는 행복을 느낍니다.

교사가 학생들의 사진을 찍어주기도 하지만 학생들이 스스로 사진을 찍기도 합니다. 선생님 앞에서 핸드폰을 사용할 수 있다니 들뜬 마음이 눈빛에 가득 담깁니다. 학생들이 사진을 찍을 때는 다음과 같은 규칙을 지킵니다.

규칙	• 친한 친구들끼리 활동하는 것이 아닌 모둠 친구들과 함께 활동할 것.
	• 사진 찍는 사람은 돌아가면서 할 것.
	• 핸드폰은 각 모둠당 1개만 사용하되 친구들이 핸드폰을 만져도 괜찮다고 허락한 학생의 것으로 사용할 것.
	• 친구의 핸드폰을 만질 때는 조심히 다룰 것.

1. 봄 만끽하기

봄이 되면 교실 안에만 있기 아까울 때가 있습니다. 벚꽃은 휘날리고 날씨는 따사롭습니다. 유난히 맑은 날, 미술 시간을 활용해서 운동장으로 나갑니다. 교실에서 카메라 모양을 만들고 학교 운동장에 나가 카메라로 봄 풍경을 담습니다. 사전에 학급 어플을 활용해 학생들에게 주는 미션을 줍니다. 아래는 학급 어플에 작성해두었던 내용입니다.

활동 안내	[미션 1] 카메라 안에 봄 담기(여러 장도 괜찮아요.) [미션 2] 카메라 안에 친구 담기 [미션 3] 꽃 앞에서 단체 사진 찍기 • 11시 40분~12시: 사진 찍기 • 12시 10분: 앨범에 사진 올리기(모둠 대표 1명이 올리기)
오늘의 수업 규칙	1. 모둠 친구들과 같이 다니기 2. 사진 찍는 사람은 돌아가며 활동하기 3. 카메라 외 다른 기능은 사용하지 않기

학생들은 우리 학교에 봄 느낌이 만연한 곳들을 찾기 시작합니다.

"선생님, 여기에도 꽃이 있어요!"

"그러네~ 진짜 예쁘다 그치?"

봄의 풍경을 담아보는 미션에 매일 보지만 무심코 지나쳤던 봄의 순간들을 마주하게 됩니다. 활짝 피어있는 꽃을 찍기도 하고 흩날리는 벚꽃 앞에서 서로의 사진을 찍어주기도 합니다. 주어진 시간 동안 사진을 찍고 정해진 시간까지 학급 어플에 게시합니다. 물론 학급에 사진들을 게시한 순간 핸드폰 전원은 다시 끕니다. 모든 모둠이 사진을 탑재하면 교실에 돌아가서 함께 사진을 구경합니다. 환하게 웃고 있는 학생들의 모습에 꽃보다 예쁘다는 말이 절로 나옵니다.

2. 현장체험학습 사진 미션

고학년의 경우 야외 현장체험학습을 가면 함께 체험 및 관람을 한 뒤에 모둠 친구들과 함께 하는 미션을 제시합니다. 견학 간 장소에 따라 학습지에 조사 내용 작성하기, 관찰한 내용 그림 그리기, 학습지 빈칸 채우기 등의 활동을 하는데 자연환경을 위주로 탐방하는 곳에서는 '모둠 친구들과 사진 찍기'를 미션으로 제시합니다.

사전에 학급 어플에 현장체험학습 장소와 미션을 작성해두고 교실에서 학생들에게 안전지도와 함께 미션에 대해 설명합니다. 모둠 친구들과 함께 하는 것을 강조하며 각 모둠당 조장을 정해서 교사와의 연락망을 구축해둡니다. 자유롭게 사진을 찍는 것이 아니라 선생님이 주는 미션에 따라 사진을 찍는 활동이기 때문에 모둠 친구들과 삼삼오오 모여 추억을 만들기 바쁩니다. 다음은 학급 어플에 올렸던 내용입니다.

현장 체험학습 미션	(중요) 12:00까지 잔디광장으로 모이기
	[오늘의 미션] ○○○에서 인증샷 찍어 하이클래스 [앨범]에 올리기 (제목: ○모둠) - 사진 찍는 1명 빼고는 모둠원 전체가 나와야 인정! - 사진은 모둠원이 공평하게 돌아가면서 찍습니다. (중요) 안전에 유의하며 활동하기

1. [꽃의 정원] 꽃과 사진 찍기
2. [소낭아래] 잔디밭에서 점프샷 찍기(2명 이상 점프 성공)
3. [러브체어] 친구들과 사이좋게 의자에 앉아 인증샷 찍기
4. [사랑의 종] 하트 앞에서 즐겁고 행복한 표정으로 사진 찍기
5. [협동미션] 가장 마음에 드는 식물이 있는 장소를 골라서 재미있는 포즈로 사진 찍기

현장체험학습이 끝난 뒤에는 교실에 돌아와서 친구들의 사진을 함께 구경합니다. 모둠 친구들과 찍은 다양한 사진들을 화면에 띄워보면 생생한 표정과 포즈에 다들 웃음이 터집니다. 초점이 나가고 수평이 맞지 않아도 학생들이 찍은 사진에는 표정이 다채롭습니다.

현장체험학습에서 학생들이 찍은 사진들로 사진 콘테스트를 개최할 수도 있습니다. 사진 콘테스트 활동 준비는 어렵지 않습니다. 사진들을 인화한 뒤에 복도나 교실 한 켠에 모둠별로 게시해줍니다. 사진 아래에는 포스트잇을 붙이고 게시판 담당이 "별빛교실 사진 콘테스트! 가장 인상 깊은 사진에 스티커를 붙여주세요. 전교생 참여 가능! 한 사람당 스티커는 3장만 허용" 하고 적어놓습니다.

우리 반뿐만 아니라 전교생을 대상으로 콘테스트를 진행하면 쉬는 시간에 교실 복도가 인산인해를 이루고 다른 반, 다른 학년 구분 없이 사진을 보며 함께 즐거워합니다. 가장 많은 표를 받은 모둠은 작은 선물을 받습니다. 콘테스트가 끝난 이후에도 교실이나 복도에 걸린 사진들을 보며 추억을 틈틈이 들여다볼 수 있습니다.

3. 착시 효과 경험하기

미술 시간, 착시 효과에 대해 배우는 차시에는 교실에서 착시효과의 의미와 예시 작품들을 살펴봅니다. 알쏭달쏭한 사진들의 재미를 느낀 뒤에는 운동장으로 나가서 친구들과 착시 사진을 직접 만들어봅니다.

여학생, 남학생끼리 무리 짓기를 시작하던 때여서 서로 조금은 어색해하다가 직접 사진을 찍고 결과물을 보자 웃음소리가 새어나오기 시작하더니 어느새 남녀 구분 없이 적극적으로 의견을 내고 함께 포즈를 취했습니다.

교실 밖으로 나간 것만으로도 기분이 좋아진 학생들은 갖고 있는 물건이나 신체 부위를 활용하며 적극적으로 사진을 찍었습니다. 재미있는 사진들이 나오기 시작하니 사진을 찍는 학생과 찍히는 학생들 모두의 열정이 불타오릅니다. 옷이 더러워지는 것은 상관없다는 듯이 누워서 사진을 찍기 시작하고 "선생님! 물병 가지러 교실 다녀올게요!" 하며 제일 꼭대기 층에 있던 교실까지 달려갔다가 옵니다.

우리 반 모두 한 줄로 서서 학급 착시 동영상을 찍는 활동도 즐겁습니다. 모두의 합이 맞아야 하는 작품이라 짜증 섞인 목소리가 나올 법도 한데 실패해도 그저 웃습니다. "다시 해보자!" 하며 끝내 우리 반 전체 착시 효과 동영상이 완성되고 "오케이!"라는 말에 폴짝 뛰면서 서로를 끌어안았습니다. 학급 어플의 사진들을 모아 교실에서 보면 기대했던 것보다 훨씬 독창적이고 예술적입니다. 구름을 물병에 담은 사진은 베스트 사진이 되었고 바닥에 엎드려 절벽에 매달린 것처럼 찍은 사진은 친구들 사이에서 인기 폭발이었습니다.

4. 단체 사진 찍기

1년 동안 함께 생활하며 단체 사진도 많이 찍습니다. 학교 행사, 학급 행사뿐만 아니라 우리가 처음 만난 날, 학교 화단에 꽃이 예쁘게 폈을 때, 첫눈이 내릴 때도 밖으로 나가 사진을 찍습니다. 서로 어색해하고 포즈를 망설이던 학생들은 시간이 지날수록 "사진 찍자!" 한마디에 옆 친구들과 촘촘히 붙어 하나의 포즈를 취합니다.

우리 반 사진 구호는 똥돼지입니다. "하나~ 둘~ 셋~!" 교사의 구령에 맞춰서 학생들은 "똥돼지~~" 하고 사진을 찍습니다. 똥돼지를 외치며 찍은 학생들의 얼굴을 찬찬히 들여다보면 하나같이 예쁘고 사랑스럽습니다.

무서운 이야기꾼

비가 오는 날, 하교 시간에 자투리 시간이 있을 때면 교실 불을 전부 끄고 무서운 이야기꾼 신청을 받습니다. 불을 끄면 아이들이 신나서 재빠르게 커튼으로 창문을 가려 교실을 더 어둡게 만듭니다. 무서운 이야기꾼은 자신이 알고 있는 무서운 이야기를 짧게 들려줍니다. 사실 학생들이 들려주는 무서운 이야기가 그렇게 무섭지는 않아 다들 이야기가 끝날 때쯤이면 "오잉? 이게 뭐야~" 하며 웃을 때가 많지만 불을 모두 끈 교실에서 무서운 이야기꾼이 나와 동그랗게 눈을 뜨고 진지한 목소리로 이야기를 시작하면 모든 학생들이 숨죽이며 이야기를 듣습니다.

비 예보가 있는 날이면 며칠 전부터 미리 무서운 이야기를 검색하고 말하는 연습을 하고 오는 학생들이 있습니다. 친구들에게 이야기를 실감 나게 들려주고 싶어서 몇 번이나 연습했다고 합니다. 늘 비가 오는 날에는 하교 시간에 무서운 이야기 활동을 하려고 청소와 마음 글쓰기를 부지런히 마무리합니다.

달력 만들기

　학년 말에 문득 이제까지 찍었던 수많은 사진들을 그냥 묻어두기에는 아깝다는 생각이 들었습니다. 사진들이 워낙 많기도 했고 학급 어플은 새해가 되면 비공개 처리하기 때문에 사진들로 추억으로 남길 만할 활동을 고민했습니다. 그러다가 달력 만들기 키트를 발견했습니다.

　단체 사진과 개인 사진 등 함께 찍었던 사진들을 인쇄하고 새해 달력을 꾸미기 시작했습니다. 학생들은 자신이 들어간 사진, 단체 사진, 갖고 싶은 사진들을 선택해서 오리고 달력에 붙였습니다. 올해 친구들의 생일을 적어 내년에 다른 반이 되어도 달력을 보고 인사를 건넬 것을 약속했습니다. 매달 자신의 목표를 세워서 빈칸에 적고 친구들이 짧은 글을 적어주기도 하며 완성한 달력을 가정으로 보냈습니다.

　다음 해 책상 위에 놓인 달력을 보고 다른 반이 된 친구에게 가서 생일 축하 인사를 했다는 말을 들었습니다. 다른 반이 되었지만 일부러 찾아가 인사를 건네는 모습이 그려져 미소짓게 되었습니다.

6장
생각과 마음을
표현하는 글쓰기

별빛교실에서 학생들은 매일 글을 씁니다. 거창한 글을 쓰는 것이 아닙니다. 하지만 매일 씁니다. 수업 중에는 배운 내용을 정리하며 글을 쓰고, 하교할 때는 매일 자신의 마음을 글로 표현합니다. 특정한 주제에 대해 자신의 생각을 쓰기도 하고 책을 읽고 감상평을 써 보기도 합니다. 학생들은 배운 내용을 점검하며 핵심적인 내용을 정리할 수도 있습니다.

글쓰기 교육은 학생들이 교실 속에서 일상적으로 글을 쓰는 습관을 갖게 하는 데 목적이 있습니다. 대부분의 학생들은 글쓰기에 대한 막연한 두려움이 있습니다. 자신의 생각을 글로 쓰는 것이 어렵다고 합니다. 국어 시간에도 생각을 적어보라는 질문에 한 글자도 못 적는 학생들이 종종 보입니다. 하지만 글쓰기는 경험의 차이입니다. 짧지만 매일 글을 쓰는 습관을 가지면 글을 쓰는 일은 점점 쉬워집니다. 글은 쓸수록 쉬워지고 쉬워진 만큼 재미를 느낄 수 있습니다. 자신의 생각을 정리해서 글로 표현하며 자신을 되돌아보기도 합니다. 자기 표현의 방법이 되는 글쓰기 경험을 많이 가질 수 있게 해주려고 합니다. 학생들은 교실에서 자신의 생각을 정리하고 글로 구체화해서 표현하는 방법을 꾸준히 연습합니다.

배움 공책

　수업 시간에는 배움 공책을 꾸준히 활용하고 있습니다. 배움 공책은 학습지 대신 공책을 활용해서 추가 활동을 진행할 수도 있고 배운 내용을 정리하며 복습할 때도 사용합니다. 저학년과 중·고학년 공책 활용 방법이 조금 달라 소개해드리려고 합니다.

저학년

01

종합장

　저학년인 경우에는 종합장을 많이 활용했습니다. 종합장은 재질이 두껍고 줄이 없어서 소근육이 발달 중인 저학년 학생들이 사용하기에 편합니다. 선 그리기부터 시작해서 한글 지도, 미술 활동 등 종합장으로 많은 활동을 할 수 있습니다. 교과서에 있는 붙임딱지를 종합장에 붙이면서 공부하기도 하고 수학 시간에는 종합장에 추가 문제를 풀기도 합니다. 미술 활동을 할 때 크기가 작은 것들은 종합장에 붙이면 친구들과 결과물을 공유할 때도 좋습니다.

저학년 학생들에게 종합장 활용 방법을 지도할 때는 종합장을 넘겨서 차례대로 쪽수를 채우게 하고 위아래를 구분 지어서 스프링이 있는 쪽이 위에 가는 것을 습관화할 수 있도록 늘상 확인하며 지도합니다. 아직 공책 사용이 익숙하지 않아 아무렇게나 펼쳐서 공책을 사용할 수 있는데 처음에 바로잡지 않으면 나중에 공책을 사용할 때마다 차례대로 쓰지 않는 모습을 볼 수 있습니다.

보통 종합장을 활용할 때는 맨 위에 날짜와 과목을 쓰고 아래에는 주제를 작성하게 합니다. 선 그리기 연습을 꾸준하게 할 수 있고 교육 활동 주제에 따른 결과물을 한눈에 볼 수 있습니다. 틀을 그리는 것이 익숙해지면 교사의 안내 없이도 줄을 그린 뒤에 "선생님, 오늘은 어떤 주제 배워요?" 하고 물어봅니다.

저학년 학생들의 수업 활동을 담은 종합장은 개개인의 포트폴리오가 됩니다. 학년 초부터 현재까지 학생들의 활동 과정과 결과물을 차례대로 볼 수 있어서 학부모와의 상담에도 좋은 자료가 됩니다.

열칸 공책

1학년 학생들에게 가장 중요한 한글 교육은 선 그리기부터 시작된다는 말을 듣고 선 그리기를 연습하는 과정에서 선배 선생님께서 열칸 공책을 활용하는 방법을 알려주셨습니다. 종합장을 접어서 선 그리기를 연습할 때는 접힌 부분이 잘 보이지 않아 불편함이 있었는데 이미 줄이 그어져 있는 공책을 사용하니 학생들이 선을 그리는 연습을 할 때 훨씬 편했습니다. 열칸 공책은 단순히 낱말이나 문장을 쓰는 용도로만 생각했었는데 선 그리기, 무늬 꾸미기, 자·모음자 적어보기 등 정말 다양하게 활용할 수 있었습니다.

저학년과 함께할 때 열칸공책은 3종류로 사용했습니다. 한글 공책, 받아쓰기 공책, 시 공책입니다. 라벨지에 공책 제목을 인쇄해서 공책마다 제목 스티커를 붙여주면 1학년 학생들이 공책을 구분하기 쉽습니다.

1. 한글 공책

한글 공책은 한글을 공부하기 위한 공책입니다. 1학년 학생들과는 한글 공책을 매일 사용했습니다. 열칸 공책으로 선 그리기부터 자음과 모음의 획순 맞춰서 쓰기, 단어와 문장 쓰기 등 다양한 한글 공부를 할 수 있습니다. 처음 자·모음자를 배울 때는 색연필을 활용해서 획순에 따라 다른 색으로 써보며 연습합니다. 획순을 가시적으로 보기에 좋고 획순에 맞게 한글을 쓰는 습관을 들일 수 있습니다. 처음부터 공책의 작은 한 칸에 한글 공부를 하는 것보다는 칸을 크게 활용해서 지도했는데 눈에 거슬리지 않는 노란색 색연필로 줄을 그어 구획을 나누니 좋았습니다. 한글 교육은 느

너와 내가 함께 반짝이는 별빛교실

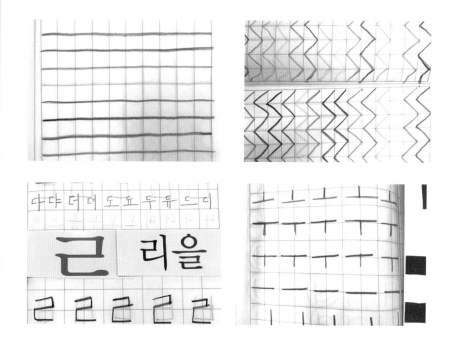

린 속도로 천천히 반복 지도가 이루어졌는데 교과서에 첨부된 붙임 파일들도 잘라서 붙이고 따라 써보며 공책을 활용했습니다.

2. 받아쓰기 공책

받아쓰기를 하는 경우에는 시중에 나온 받아쓰기 공책보다 열칸 공책을 사용하는 것이 더욱 좋았습니다. 띄어쓰기를 정확하게 점검할 수 없는 받아쓰기 공책과 달리 열칸 공책을 가로 방향으로 사용하면 띄어쓰기와 맞춤법, 문장 부호까지 정확하게 공부할 수 있습니다.

참고로 말씀드리자면 맞춤법, 띄어쓰기 공부에는 받아쓰기를 하는 것이 효과가 좋아서 받아쓰기를 했지만 점수는 쓰지 않았습니다. 자신이 모르는 부분을 확인하고 수정해야 한글 공부가 되는데 점수를 쓰면 학생과 학부모 모두 점수에만 집중하게 되었습니다. 대신 열심히 공부한 학생들에게 보상 및 동기 부여 차원에서 100점을 맞은 경우에만 점수를 적어줬습니다. 틀린 문제 옆에는 맞춤법에 맞는 표현을 써주고 2번 더 쓰며 연습하게 했습니다.

3. 시 공책

한글 공부가 어느 정도 이루어져서 낱말과 문장을 읽을 수 있을 때쯤 한글 카드와 함께 짧은 시 쓰기로 한글 공부를 이어갔습니다. 시 공책은 말 그대로 시를 쓰는 공책입니다. 짧은 문장으로 구성되는 경우가 대부분이라서 열칸 공책을 가로로 활용하면 짧은 문장 쓰기를 연습하기에 좋습니다.

매주 한 번씩 짧은 시를 인쇄하고 공책 위에 붙여서 함께 읽는 연습을 했습니다. 시 대신 아이들이 좋아하는 노래를 인쇄하기도 했습니다. 시를 붙인 다음 장에는 시를 따라 쓰고 남는 공간에는 시와 어울리는 시화를 그렸습니다. 시화를 그리는 공간이 작아 부담 없이 그림을 그렸고 시화를 공유하며 함께 시를 낭송하는 시간은 맞춤법, 낱말, 문장, 띄어쓰기를 공부할 때 효과적인 방법이었습니다.

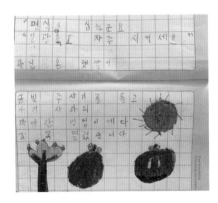

너와 내가 함께 반짝이는 별빛교실

03
그림일기

　1학년 여름방학 전 국어 마지막 단원에서는 그림일기 쓰는 방법을 배웁니다. 일기장을 준비할 때는 사진과 같이 한 면은 그림을 그릴 수 있고 한 면은 글을 쓸 수 있는 최대한 큰 그림 일기장이 학생들에게 편하다는 것을 안내합니다. 그림 그리기와 글씨 쓰기에 익숙하지 않은 저학년의 경우 글을 또박또박하게 쓰는 연습을 하기 위해서는 큰 공책이 좋았습니다. 그림 일기 쓰는 방법을 지도할 때는 일기장 첫 번째 장에 일기 쓰는 방법을 정리해서 붙여 주면 도움이 됩니다. 실제로 학생들은 맨 앞장을 보며 일기 쓰기를 연습합니다.

　국어 시간에 일기 쓰는 방법을 배울 때는 교사와 최대한 똑같이 따라 쓰고 그리면서 연습합니다. 1학기 마지막 단원이 마무리되고 그림일기를

쓰는 방법을 여러 번 연습한 뒤에는 여름방학부터 2학기까지 그림일기를 매주 작성합니다. 1학년의 경우 1학기에는 한글을 모르는 학생들이 대부분이라 마음 글쓰기를 하지 않고 여름방학부터 2학기까지 매주 1회씩 그림일기로 글을 쓰는 연습을 합니다. 맞춤법과 띄어쓰기가 틀린 경우에는 파란색이나 빨간색 펜으로 바르게 적어줬습니다. 그러다 보면 계속 틀리던 부분이 어느 순간 교정되어 있는 것을 볼 수 있습니다. 그림일기는 일기뿐만 아니라 그림을 그리는 연습도 할 수 있는데 그림 실력을 보기보다는 최대한 채색을 꼼꼼하게 하도록 지도했습니다.

중-고학년

01
사회 공책

배움 공책을 정리하는 방법에는 여러 가지 방법이 있습니다. 과목별로 핵심 내용을 간단하게 정리하는 방법도 있고 시간표별로 모든 교과의 배운 내용을 정리하는 방법 등이 있는데 그중에서도 수업 시간에 배운 전반적인 내용을 요약하여 정리하는 방법을 지도하고 있습니다. 수업 시간에 배운 핵심 내용들을 파악하고 요약하는 습관을 가지면 학생들의 학습에 큰 도움이 됩니다. 학생들은 배운 내용 가운데 중요한 부분들을 다시 점검하며 복습합니다.

매일 배움 공책을 정리하니 학생들이 줄글에서 중요한 단어와 내용을 찾는 능력과 긴 글을 요약하는 능력이 향상되고 글씨 교정과 배웠던 내용을 장기적으로 기억하는 데도 도움이 되었습니다. 학부모와 상담해보면

대부분의 학생들이 가정에서 스스로 배운 내용을 정리하고 꾸준히 학습 내용을 복습하는 습관이 생겼다고 합니다. 중요한 건 매 차시 공책 정리를 하고 매일 교사가 검사하며 피드백을 하는 것입니다. 교사가 성실하게 1년 동안 공책 검사를 꾸준히 하는 것이 학생들의 습관을 만드는 데 큰 역할을 합니다.

사회 공책 정리 방법 (예시) 5학년

[1학기 일반 사회]

5학년 사회에서는 1학기에 일반 사회, 2학기에 역사를 배웁니다. 일반 사회의 경우에는 코넬식 노트 정리 방법을 사용했습니다. 첫 번째 줄에는 단원, 두 번째 줄에는 공부할 문제, 세 번째 줄에는 중요 단어를 검정색 펜으로 적고 빨간색 펜으로 줄을 그어 수업을 준비합니다. 공책 타이틀 정리는 사회 수업 시간 전 쉬는 시간에 합니다. 공책 정리할 준비를 하는 것까지 수업 준비에 포함됩니다.

수업이 끝나기 전 10분 정도 남았을 때 학생들은 오늘 배운 내용을 요약해서 정리합니다. 공책 정리 틀은 펜으로 그리고 내용 정리를 할 때는 수

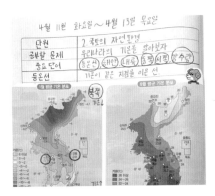

정하는 부분이 많이 생기기 때문에 연필을 활용합니다. 3~4월에는 공책 정리 틀을 그리는 것부터 시작해서 교과서에서 중요 단어를 찾고 소제목을 쓰는 것까지 저와 똑같이 정리하는 연습을 같이 합니다. 공책을 정리할 때는 교과서의 내용을 그대로 따라 적는 것이 아니라 중요한 내용을 요약한다는 점을 인지하도록 합니다. 처음 공책 정리를 연습할 때는 단원, 공부할 문제, 중요 단어, 소제목 등 똑같이 쓰는 연습도 잘 되지 않아 공책 틀을 그리는 것부터 한 명씩 확인해 줘야 합니다. 중요 단어를 찾기 어려워하는 경우 "오늘 배운 내용에서 어떤걸 중요 단어로 정하면 좋을까?"라는 질문으로 친구들의 답을 들으며 핵심 단어를 찾는 연습을 합니다.

슬슬 대부분의 학생들이 스스로 틀을 그릴 수 있고 중요 단어를 찾기 시작하면 함께 정리하는 부분을 조금씩 줄이기 시작합니다. 사회 수업이 있을 때마다 공책 정리는 매일 하고 선생님에게 제출합니다. 공책 내용에서 수정이 필요한 경우에는 피드백할 내용을 포스트잇에 적어준 뒤에 나눠줍니다. 오탈자가 있거나 내용을 잘못 정리하는 경우도 있어서 한 명씩 꼼꼼하게 봐주는 것이 필요합니다.

4월 말부터는 중요 단어와 소제목만 교사와 같이 정하고 스스로 공책

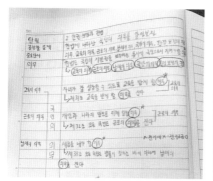

정리를 합니다. 이때부터는 공책 정리를 할 때 형광펜을 사용합니다. 자신이 생각하는 중요한 부분에 형광펜이나 다른 색 펜으로 표시를 하고 교과서에 나온 그림이나 표도 공책 정리에 활용하는 연습을 합니다. 문장을 그대로 따라 쓰지 않고 짧게 요약하는 방법과 기호를 활용하는 것도 꾸준하게 연습합니다. 교사는 학생의 정리 내용을 보고 개선이 필요한 부분에 포스트잇으로 피드백을 적어 놓습니다. 반복해서 말하지만 학생들이 공책 정리한 것은 꼼꼼하게 살펴서 수정해야 하는 부분이 보이면 교정해주는 것이 필요합니다. 1학기 동안 꾸준히 정리하는 방법을 연습하면 2학기에는 대부분의 학생들이 공책 정

리를 수월하게 합니다.

내용 요약을 잘한 학생의 경우 상 스티커를 붙이고 학급 어플에 명예의 전당이라는 이름으로 정리한 내용을 공유합니다. 상 스티커는 학생들의 사기를 높이는 데 큰 역할을 합니다. 공책 정리에 자부

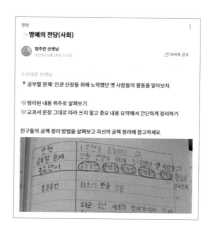

심을 갖고 더욱 열정적으로 참여하는 계기가 됩니다. 작은 스티커 하나일 뿐이지만 검사 후에 받은 공책을 펼쳐보며 "나 상 받았다!" 하며 좋아합니다. 학급 어플을 통해 학생들은 서로의 공책 정리를 공유하며 자신의 공책 정리 방법을 더욱 발전시킵니다. 학급 어플에 올릴 때는 과목명과 공부할 문제를 같이 올려주면 좋습니다.

[2학기 역사]

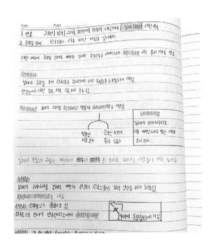

    5학년 2학기에는 역사를 배웁니다. 일반 사회 영역이었던 1학기와 달리 역사를 배울 때는 공책에 연표를 넣습니다. 연표를 넣으면 수업 준비를 하며 공책 준비를 할 때 "지금 어느 시대였지?", "삼국시대 잖아!" 하는 대화가 자연스럽게 이루어집니다. 현재 어느 시대를 공부하고 있는지 서로 확인하고 수업에 참여할 수 있게 됩니다. 역사에는 이야기가 있어서 중요 개념을 파악했던 1학기와 달리 중요한 사건들을 중심으로 정리합니다. 단어와 소제목을 적어 칸을 나눴던 1학기 공책 정리 방법에서 확장해서 연표, 공부할 문제를 적고 빨간색 펜으로 선을 그어 틀을 만들고 자유롭게 정리합니다. 2학기에는 대부분의 학생들이 내용 요약을 잘합니다. 이제부터는 내용 요약과 더불어 글씨를 잘 쓴 학생들에게 상 스티커를 주고 학급 어플에 사진을 올려주겠다고 하면 내용뿐만 아니라 글씨까지도 바르게 쓰려고 노력합니다.

너와 내가 함께 반짝이는 별빛교실

188

02

수학 공책

　수학 공책은 매 차시에 사용하지는 않고 교과서에 있는 붙임 자료를 활용해서 문제를 해결하는 경우나 난개념이 많은 차시에서 추가 문제를 낼 때 사용합니다. 수학 연산 문제를 해결할 때도 공책을 활용합니다. 연산 과정을 공책에 적으며 해결하면 학생이 어떤 부분에서 어려움이 있는지 즉시 확인할 수 있습니다.

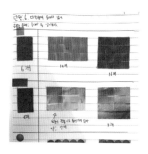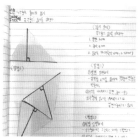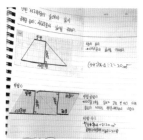

　도형 영역에서는 공책 활용도가 높습니다. 도형 영역을 배울 때는 구체적 조작 활동을 하는 경우가 많은데 종이를 활용하는 경우에는 수학 공책에 붙여 정리합니다. 교과서의 붙임 자료를 일회용으로 활용하고 버리기보다는 공책에 정리해두면 이후에 배운 내용이 잘 기억나지 않을 때 공책을 확인해서 빠르게 복습할 수 있습니다. 자신이 푼 문제를 공책에 정리해서 친구들에게 설명하기도 하고 붙임딱지를 활용해서 수학적인 개념을 파악할 수 있는데 공책을 활용해서 쉽게 정리할 수 있습니다.

마음 글쓰기

    하루의 끝에는 매일 마음 글쓰기를 하고 갑니다. 청소가 끝나면 학생들은 자연스럽게 마음 글쓰기 공책을 꺼내 글을 쓰기 시작합니다. 마음 글쓰기는 하루에 있었던 일 중에 기억에 남는 일, 현재 자신의 마음 등 하고 싶은 말들을 자유롭게 작성하는 활동입니다. 마음을 글로 풀어낸다고 해서 마음 글쓰기라는 이름을 붙였습니다.

    학생들은 마음 글쓰기를 통해 하루를 돌아보고 자신의 마음을 살핍니다. 마음 글쓰기는 학생들의 글쓰기 능력 향상에 도움이 되면서 자신을 표현하는 도구가 됩니다. 글을 쓰며 스스로의 감정을 살펴보고 어떤 상황에서 기분이 좋아지는지와 마음이 불편해지는지를 짚어보며 자신의 이해도를 높입니다. 단순히 "기분이 안 좋았다."라는 표현은 속상하다, 화가 났다, 좌절했다 등으로 점점 확장됩니다. 자신의 감정을 정확하게 인지하고 표현할 수 있습니다.

    처음에는 마음 글쓰기를 수첩에 작성하게 했는데 글씨 연습에는 공책이 더 나아서 현재는 공책에 쓰도록 하고 있습니다. 마음 글쓰기를 처음 지도할 때 학생들과 반복하는 대화 패턴이 있습니다.

    "처음 시작하는 3월에는 마음 글쓰기를 3문장으로 시작할 거야. 그러면

4월에는 몇 문장을 써야 할까?"

"4문장이요!"

"5월에는?"

"5문장이요!"

"그럼 12월에는?"

"으악! 12문장이요!?"

농담으로 시작하지만 학생들에게 농담이라는 이야기는 하지 않기 때문에 달이 바뀔 때마다 "오늘부터 5문장이야!", "오늘부터 6문장이야!" 하는 학생들이 늘 있습니다. 마음 글쓰기는 학생들이 짧게라도 글을 쓰고 글쓰기를 습관화하는 것이 가장 큰 목적이기 때문에 문장의 수를 강요하고 있지는 않지만 달에 맞춰서 문장을 늘려가는 것이 암묵적인 규칙입니다.

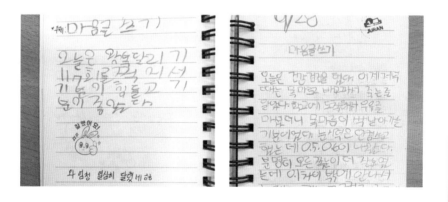

쓰기 연습을 매일 꾸준하게 하니 학생들의 글 내용이 점차 풍성해지고 글씨도 교정되는 것을 볼 수 있습니다. 위 사진은 같은 학생이 1학기에 쓴 마음 글쓰기와 2학기에 쓴 마음 글쓰기 사진입니다. 한 문장을 쓰는 것도 어려워하던 학생이 2학기가 되면 뒷장까지 글을 빼곡히 씁니다. 수료하는 날이 1월이면 1월에는 한 줄이라고 기다리다가도 학년 말이 되면 한 줄에 자신의 마음을 담기에는 너무 짧아 다들 자연스럽게 한 장을 가득 채웁니다. 다른 사람이 글을 읽지 못할 정도로 악필이던 학생들의 글씨가 좋아지는 게 가시적으로 보이기도 합니다. 하루에 있었던 일들을 되돌아보고 자신의 마음을 글로 표현하는 능력이 향상되는데 어느새 풍부해진 학생들의 마음 글쓰기를 읽어보면 글은 쓸수록 는다는 게 느껴집니다.

마음 글쓰기는 학생들의 글쓰기 능력을 향상시키는 데 목적이 있었습니다. 맞춤법을 교정하고 자신의 생각을 글로 표현하는 능력을 키워주려고 시작한 활동이었습니다. 하지만 마음 글쓰기는 학생들과의 소통 창구가 되어 학생과 교사의 관계에서도 큰 역할을 하고 있습니다. 하루 동안 생활을 하다 보면 모든 학생들과 깊은 대화를 나누는 것이 어렵습니다. 특히 고학년 학생들이나 학급에 학생 수가 많을 때 더욱 그렇습니다. 하지만 마음 글쓰기로 모든 학생들과 매일 소통할 수 있습니다. 수업 시간에 무표정이었던 학생이 사실은 수업 활동이 엄청 즐거웠다는 이야기를 보며 미소를 짓기도 하고 문제 행동에 대해 반성하고 앞으로는 바르게 행동하겠다고 다짐하는 학생의 글을 보며 응원을 보내기도 합니다. 교실에서 별다른 문제가 없어 보였는데 친구와 갈등이 있었고 아직 해결이 되지 않았다는 이야기를 읽으며 다음 날 해당 학생들과 상담을 하며 학교폭력을 예방할 수도 있었습니다.

마음 글쓰기를 읽고 나면 늘 학생들에게 짧은 댓글을 적어주고 있습니다. 따로 선생님 댓글 칸을 만들어 놓는 학생들도 있습니다. 학생들은 아침에 등교하자마자 마음 글쓰기를 펼쳐서 댓글을 읽고 저와 눈을 마주치며 씩 웃으며 하루를 시작합니다. 너무 바빠서 댓글을 써주지 못한 날에는 다들 시무룩한 표정으로 하루를 시작해서 퇴근이 늦어져도 매일 댓글을 작성해주고 있습니다. 그날 펼쳐지는 이야기를 글로 담고 글로 소통하는 즐거움을 맛보게 해주는 마음 글쓰기는 제가 애정하는 우리 반 활동입니다.

학년 말에는 이제까지 썼던 마음 글쓰기를 살펴보며 한 해를 마무리하는 시간을 갖습니다. 하루도 빠짐없이 매일을 글로 담았기 때문에 추억 떠올리기 활동으로 최고입니다. 학생들은 자신의 마음 글쓰기를 꺼내서 랜덤으로 펼쳐보며 친구들에게 읽어줍니다. 함께 했던 순간들에 "아~ 맞아! 그런 일이 있었지!" 맞장구치며 추억 속에 퐁당 빠집니다. 시간이 흘러 하루하루를 떠올리다 보면 매일의 일상이 빛나는 추억이 된 것처럼 우리가 함께 있는 지금이 소중하고 귀한 순간임을 느끼게 됩니다.

별별이야기(주제 글쓰기)

✦

아침 활동에서 자세하게 설명한 별별이야기입니다. 매주 목요일 하교한 후에 별별이야기꾼이 글쓰기 주제를 선정하고 금요일 아침 활동으로 별별이야기를 합니다.

별별이야기는 별별이야기꾼이 준비한 다양한 주제에 대해 자신의 생각을 간략하게 작성하는 활동입니다. 학생들이 쓴 글은 하루 동안 학습보드판에 게시하고 함께 살펴보면서 가장 마음에 드는 글에 공감 스티커를 붙입니다. 하교하기 직전에는 공감 스티커가 많이 붙여져 있는 학생의 이야기를 별별이야기꾼이 발표합니다. 그날의 별별이야기로 선정되지 않았더라도 자신이 쓴 글을 읽고 싶은 학생들은 손을 들어 자신의 글을 공유할 수도 있습니다.

학생들은 금요일마다 별별이야기 주제에 대해 친구들과 도란도란 이야기를 나눕니다. 포스트잇에 짧게 글을 쓰는 활동을 매주 꾸준히 하니 글쓰기에 흥미가 없었던 학생들도 부담 없이 글을 쓰고 생각하는 힘을 기르는 데 도움이 되었습니다.

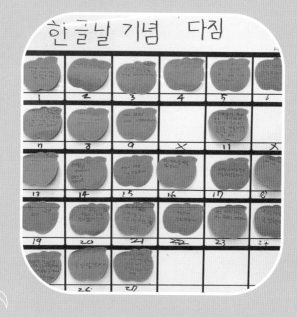

편지 쓰기

마음을 표현하는 편지를 쓰는 시간입니다. 마음을 주고받는 일이 아이들에게 익숙해졌으면 좋겠다는 마음으로 주변인들에게 편지를 쓰는 시간을 종종 갖습니다. 5월에는 가족 구성원에게, 선생님께 편지를 써서 감사의 마음을 표현하는 시간을 갖고 12월에는 한 해를 되돌아보며 자신에게, 함께한 친구들에게 편지를 작성합니다. 주변에 사는 이웃들께, 우리 지역을 위해 애써 주시는 분들께 편지를 쓰는 시간을 가질 때도 있습니다.

우리 마을을 위해 애써주시는 경찰관, 소방관분들께 감사의 마음을 담아 편지를 써서 실제로 전달한 적이 있습니다. 아이들이 쓴 편지를 제가 갖고 있기에는 아깝다는 생각이 들었고 편지를 모아서 퇴근하는 길에 전달했습니다. 학생들은 자신이 쓴 편지가 해당 직업에 종사하는 분들께 전달이 됐다는 것만으로도 행복해했고 편지를 받은 경찰관, 소방관분들도 무척 보람차면서 고마움을 표현했습니다.

학년 말에는 한 해 동안 함께 생활한 우리 반 친구들에게 롤링페이퍼를 작성합니다. 학생 수가 많아도 롤링페이퍼를 쓰는 시간은 꼭 갖습니다. 1년 동안 함께했던 소중한 친구들에게 마음을 표현하는 마지막 활동이 됩니다. 롤링페이퍼를 쓸 때는 교사도 함께 참여하면 좋습니다.

잔잔한 음악을 켜두고 한 장씩 돌아가며 친구에게 하고 싶은 말을 작성하며 상대방과의 추억을 떠올립니다. 모둠별로 롤링페이퍼를 돌리고 시간이 남은 학생들은 편지를 꾸며줍니다. 이렇게 다 쓴 롤링페이퍼는 다시 수합해서 코팅해줍니다. 코팅한 롤링페이퍼는 수료식날 전달해주는데 해가 바뀌어도 그림책과 롤링페이퍼를 소중하게 간직하고 있다는 이야기를 학생들에게 듣습니다. 마음이 담긴 편지는 이렇게나 귀한 선물이 됩니다.

7장
책 피는 교실

학생들의 문해력이 점점 낮아지고 있음을 실감하고 있습니다.

"선생님! 홀가분하다가 무슨 뜻이에요?"

"무안하다는게 무슨 뜻이에요?"

"우리 팀이 유리하다는 게 무슨 말이에요?"

"전략이 뭐예요?"

최근에 학생들에게 들은 질문입니다. 생활 속에서 흔하게 사용하는 단어인데도 의미를 모릅니다. 교사가 하는 말에 갸웃거리는 일이 많아지고 교과서에서 문장제 문제가 나오면 읽지도 않고 포기해 버립니다. 조금이라도 문장이 길어지면 무슨 말인지 이해를 못 하겠다며 문제의 해석을 위해 교사에게 오는 학생들이 대부분입니다. 문제의 의도를 천천히 살필 수 있도록 질문에 질문을 더한 끝에야 "아!" 하고 이해합니다.

독서교육의 필요성이 일상 속에서 드러나고 있습니다. 학생들의 문해력을 높이는 데 독서교육은 꼭 필요합니다. 학생들은 책을 읽으며 문맥을 파악하고 모르는 단어의 의미를 유추합니다. 문해력뿐만 아니라 자신의 생각과 감정을 표현하는 데도 독서교육은 필수입니다. 수많은 감정들 속에서 자신의 감정을 어떤 단어로 정확하게 표현할 수 있는지 책을 통해 배우게 됩니다.

"독서는 정말 중요해. 책 읽자!" 하고 내내 말한다고 아이들이 책을 읽지는 않았습니다. 독서가 익숙하지 않은 학생들이 스스로 책을 가까이 할 수 있는 방법들을 고민했습니다. 학생들이 책에 대한 거부감을 낮추고 한 장이라도 스스로 펼쳐서 읽어 본다면 성공이라는 생각으로 독서를 할 수 있는 환경을 만들고자 했습니다.

별빛도서부

✦

학생들에게 무엇보다 가장 필요한 것은 독서였습니다. 그래서 학급 문고에 다양한 책들을 많이 채워놨습니다. 늘 생활하는 공간에 책들이 많아서 제목을 훑어보기는 하지만 책을 꺼내서 스스로 읽는 학생들은 보기 힘들었습니다. 문제를 파악하고 해결하기 위해 학급에서 자체적으로 설문조사를 실시했습니다. 책은 재미없다고 생각하면서 책을 읽는 것 자체가 부담스럽다는 응답이 많았습니다.

수업 시간에 교사와 함께 읽는 책들 외에 학생들이 자발적으로 책을 가까이 할 수 있는 방법을 고민하다가 생겨난 게 별빛도서부입니다. 별빛도서부는 학급 자체 도서부입니다. 책을 꺼내서 읽게 하는 자발성은 교사 주도보다는 학생들이 주인공이 될 때 기를 수 있을 것 같았습니다. 우리 반에서는 매달 말에 별빛도서부를 뽑습니다. 별빛도서부를 하고 싶은 학생은 모두 참여할 수 있습니다.

별빛도서부의 역할은 학교 도서관에서 친구들과 함께 읽을 책 대출하기(월 2회 학급대출), 학급의 독서 행사 열기입니다. 교실에 학급문고가 있긴 하지만 별빛도서부는 친구들에게 추천하고 싶은 책 또는 함께 읽고 싶은 책들을 학교 도서관에서 우리 반 이름으로 대출해옵니다. 별빛도서부 덕분에 학급문고(별별책방)의 책들은 다채로워집니다.

매달 주제를 정해서 책을 빌려오기도 하는데 놀이 공간에 별빛도서부 추천 책들을 전시하고 있기 때문에 한 번이라도 책을 만져보고 읽어 보는 학생들이 많아졌습니다. 프로젝트 수업을 할 때도 별빛도서부의 역할은 빛납니다. 프로젝트 수업을 진행하는 기간에는 수업 주제에 따라 관련된 책들을 선정해서 학급 친구들에게 추천하고 독서 행사도 그와 관련된 내용으로 진행합니다. 예를 들어 환경 프로젝

트를 진행할 때는 도서관에서 환경 관련 책들을 찾은 뒤 학급에 가져와서 환경 오염의 종류, 재활용하는 방법 등을 살펴보는 데 참고 자료로 사용했습니다.

우리 반 독서 행사를 여는 것도 별빛도서부의 중요한 역할입니다. 별빛도서부는 한 달에 한 번 학급의 독서 행사를 열고 있습니다. 독서 행사의 모든 과정은 별빛도서부 학생들이 주관합니다. 매달 별빛도서부는 학급의 독서 행사를 엽니다. 어떤 행사를 진행할 것인지 쉬는 시간에 모여 결정합니다. 행사가 정해진 이후에는 학생들에게 행사를 안내합니다. 행사 내용을 별별책방 근처에 게시하고 학급 어플에도 홍보합니다. 아침 시간에 이번 달 행사에 대한 안내를 하기도 합니다.

우리 반 독서 행사를 여는 데 굉장히 적극적이라서 행사 참여율이 저조

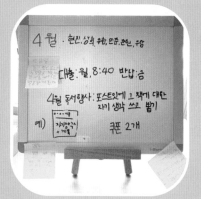

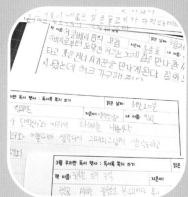

하거나 행사에 변경된 사항들이 있을 때면 별빛도서부 학생들이 제게 와서 잠시 안내할 시간을 주라며 부탁하기도 합니다. 별빛도서부는 오롯이 학생 주도로 활동이 진행됩니다. 책 읽고 독후감 작성하기, 친구들과 모여서 1권의 책을 읽고 책의 장면 역할극으로 표현하기, 별빛도서부가 선정한 책 속 내용에 관한 퀴즈 맞히기, 책 제목 N행시 짓기 등 모두 별빛도서부 학생들의 아이디어로 행사가 진행됩니다. 행사를 진행하는 과정에서 누가 어떤 역할을 맡을지 의견을 조율하고 안내된 독서 행사에 따라 나머지 학생들은 수시로 행사에 참여합니다. 행사 중에는 시중에서 다양하게 판매하고 있는 독후 활동 포스트잇을 유용하게 활용합니다.

독서 행사는 수시로 상품을 증정하는 행사가 있기도 하지만 보통은 매달 말에 독서 행사 우승자를 선정해서 발표하는 시간을 갖습니다. 우승자에게 주는 상품 목록도 별빛도서부가 정합니다. 1등은 쿠폰, 2등은 작은 간식(비타민, 젤리 등) 선물을 하는 경우가 대부분입니다. 독서 행사에 참가하는 학생들은 행사 발표하는 날에 쓰는 마음 글쓰기를 참가 포스트잇으로 대신합니다. 독서 행사 참여도를 높이는 작은 방법이 됩니다.

행사 발표가 끝나면 이번 달 우리 반의 독서 활동을 위해 애쓴 별빛도서부에게 고마운 마음을 담아 박수를 치며 고마움을 표현합니다. 이번 달 별빛도서부의 기념 사진도 찍습니다. 마지막 인사를 한 뒤에는 다음 달 별빛도서부를 선정합니다. 이번 달 도서부는 다 같이 학교 도서관에 가서 대출했던 책들을 모두 반납하고 다음 달 도서부가 새로운 책들을 대출하며 학급 문고(별별책방)를 채웁니다.

온책읽기

　신규 교사 때 온책읽기를 어떻게 해야 하는지 방법적인 측면에서 고민을 참 많이 했습니다. 많은 선생님들이 온책읽기를 한다고 하는데 도대체 어떤 시간에 읽는지, 아침 시간에 읽으면 등교 시간이 늦은 학생들은 어떻게 하는지, 어떤 책을 읽을지, 책을 읽는 방법은 어떻게 할지 등 방법적인 측면에 대해 명확하게 알지 못해서 쉽게 시작하지 못했습니다.

　의문이 가득한 채로 무작정 시작했던 온책읽기였습니다. 물론 시행착오가 있었지만 학생들과 함께 줄글로 되어 있는 책을 읽고 "선생님! 저 이렇게 긴 글 처음 읽어봤어요!"라고 말하는 학생의 말에 온책읽기 방법을 조금씩 구체화해서 또 읽기 시작했습니다.

　책 읽기 자체에 부담을 갖고 있는 학생들이 꽤 있습니다. 이런 학생들에게 책은 어려운 것이 아니라 즐거운 것이라는 경험을 주기 위해 한 학기에 최소 1권의 책을 정해서 온책읽기로 완독하고 있습니다. 책을 통해 성취감을 느껴보면 다음은 더 쉽습니다.

온책읽기 방법

1. 온책읽기 시기

온책읽기는 국어 교과 독서 단원을 재구성해서 하고 있습니다. 창체 시간이나 책 주제와 연결 지을 수 있는 다른 교과를 활용할 수도 있습니다. 교과 내용과 관련되었을 때는 학년 초에 계획을 수립하여 교과 과정에 맞춰서 온책읽기를 할 수 있고 그렇지 않은 경우에는 학기 말에 하는 것이 좋았습니다. 우리 반에게 하고 싶은 말들을 책을 통해 전달할 수 있고 생활 속에서 반복적으로 지도해야 하는 부분을 다시 강조할 수도 있습니다.

2. 책 선정하기

학생들과 함께 읽고 싶은 책을 선정합니다. 보통 학교 도서관에서 [온책읽기]로 분류된 곳에 가서 어떤 책이 있는지 살펴보고 미리 읽어 보고 있습니다. 책을 선정할 때는 수업과 관련된 책이나 우리 반에게 필요한 책을 선정하면 좋습니다. 예를 들어서 고학년 학생들을 지도할 때 여학생들끼리 뒷담화로 인해 갈등이 많이 생겼는데 그때 『귓속말 금지 구역』을 온책읽기 책으로 선정해서 함께 읽고 독후 활동을 했습니다.

3. 독후 활동하기

독후 활동은 책의 내용에 따라 다르게 구성하는데 책의 주제와 우리 반 학생들의 성향을 고려해서 진행합니다. 책을 통해 우리 반 학생들에게 가르치고자 하는 가치를 고민하며 독후 활동을 다양하게 전개할 수 있습니다. 단순히 책에 대한 소감문을 작성하고 인상 깊은 장면을 골라 말하는 활동보다는 학생들의 삶과 연결 지을 수 있는 의미 있는 질문과 활동으로

• **귓속말 금지 구역**(김선희 지음, 정혜경 그림, 살림어린이)

구성하면 독서를 할 때 조금 더 의미 있는 활동으로 전개될 수 있습니다.

02

재미있게 읽었던 책 추천

1. 가정통신문 소동(글 송미경, 그림 황K, 위즈덤하우스)

온책읽기 책 가운데 늘 인기가 좋은 『가정통신문 소동』입니다. 학생들이 만든 가정통신문을 가정에 가져가면서 일어나는 귀여운 소동 이야기가 담긴 책입니다.

이 책을 함께 읽고 "얘들아, 우리 이제 어떤 활동을 할지 맞춰볼 사람?" 하면 "책 소감 말하기요!", "책 소감 쓰기?" 하며 갈피를 못 잡다가 씩 웃는 제 표정에 "가정통신문 만들기요!"라는 정답이 나옵니다. "정답!"을 외치면 모두가 "와!!" 하고 함성을 지르며 개구진 눈빛들이 반짝입니다.

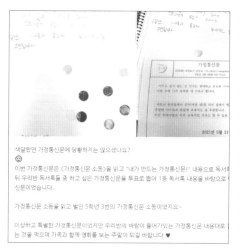

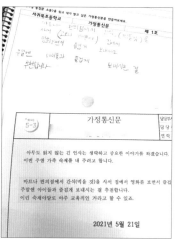

행복과 배움으로 채우는 초등학교 교실

207

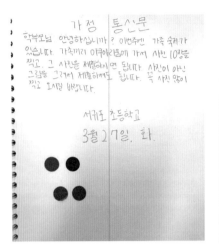

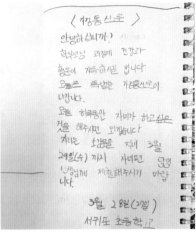

　학생들은 연습장에 저마다의 상상력을 발휘해 자신이 받고 싶은 가정
통신문을 만들어 봅니다. "아이들과 주말 동안 서울에 다녀오십시오. 서울
에 갈 때 놀이동산은 꼭 포함이 되어야 합니다.", "이번 방학 숙제는 가족
들과 여행 가기가 필수입니다. 여행을 가지 않는 가정은 방학 숙제를 하지
않았으므로 벌금이 있습니다.", "오늘 자녀가 갖고 싶은 것은 말하는 대로
모두 사주시기 바랍니다." 등 책 속에서 나오는 가정통신문만큼 엉뚱한 가
정통신문들이 나옵니다.

　이후에는 교실을 돌아다니며 마음에 드는 가정통신문에 투표합니다. 다
들 가정통신문을 보며 웃느라 정신이 없습니다. 가장 많은 스티커를 받은
가정통신문은 화면에 문구를 적어 주고 함께 보며 문장을 더욱 매끄럽게
수정합니다. 여기까지 하면 이제는 교사 차례입니다. 교사는 학교 가정통
신문 양식에 맞춰서 가정통신문을 제작합니다. 학교 로고는 사용하지 않
고 학급 로고를 사용했고 학교장 이름 대신 담임선생님을 하단에 적으며
가정통신문을 작성했습니다. 제작은 어렵지 않기 때문에 하교할 때쯤이

면 전부 인쇄해서 가정에 가져갈 가정통신문을 배부합니다. 안내장을 받자마자 학생들의 눈이 반짝입니다. 모든 학생들이 부모님을 속일 생각에 신이 나서 이날만큼은 가정통신문을 모두 당일에 부모님께 전달하는 단합력을 보입니다. 그날 저녁, 학급 어플에 학생들이 "몰래카메라였어요!" 하고 말하는 짧은 동영상과 함께 온책읽기 활동 결과물이라는 글을 탑재했습니다.

다음 날 아침이 되면 다들 제 책상으로 모여 참새처럼 재잘거립니다. "선생님! 우리 부모님은 둘 다 속았어요!", "우리 엄마는 진짜 하려고 했는데 아빠가 좀 이상한데? 해서 저 혼자 빵 터졌어요!" 하며 부모님의 반응을 이야기하느라 바쁩니다. 학부모님께도 정말 재미있었다며 깜빡 속을 뻔했다는 연락을 많이 받았습니다. 몇 달이 지나도 학부모를 만날 때마다 이야기가 나올 정도로 학생과 학부모님 모두에게 인기 만점이었던 활동이었습니다. 작은 활동이지만 아이들이 독서 활동에 즐겁게 참여하는 모습에 왠지 뿌듯해집니다.

▓▓▓ 매일을 바쁘게만달려온
엄마들에게도..좋은 과제가될듯싶네요^^♡

5-3반친구들아!
코로나로힘들고..
갑갑한일상들을보내고있지만.

▓▓▓ ▓▓ ㅋㅋㅋ 좋은 숙제다 생각했어요~~꼭 실행할께요~~^^
2021년 5월 21일 · 답글 · 빛내기 취소   💡 4

▓▓▓ ▓▓ 정말 주말에 해봐야겠네요^^생각만해도 즐겁네요^^
2021년 5월 21일 · 답글 · 빛내기 취소   💡 4

2. 잘못 뽑은 반장(글 이은재, 그림 서영경, 주니어김영사)

고학년의 경우 교우 관계에 영향을 많이 받고 그만큼 갈등도 많이 생깁니다. 그래서 온책읽기 책을 선정할 때는 친구와 관련된 이야기를 선택해 함께 생각을 나누고 있습니다.『잘못 뽑은 반장』은 말썽꾸러기 주인공 이로운이 반장이 되며 일어나는 이야기입니다. 어느 학급에서나 볼 수 있을 만한 등장인물이라 함께 나눌 이야기가 많습니다.

온책읽기를 하는 날마다 주인공을 뽑아 등장인물 인터뷰를 했습니다. 초등학생이 주인공인 책 속의 등장인물이 되어 인물의 마음에 공감하기도 하고 자신이 어떤 상황에 처했는지 독자들을 설득하기도 했습니다. 학생들은 작품 속 인물의 상황과 감정에 자연스럽게 동화되었습니다. 등장인물에 몰입하여 엄청난 연기력을 보여주는 친구들 덕분에 즐거운 시간이 되었습니다.

3. 욕 좀 하는 이유나(글 류재향, 그림 이덕화, 위즈덤하우스)

『욕 좀 하는 이유나』는 욕설을 잘 하는 이유나에게 욕설을 배우려는 친구가 등장하며 생기는 이야기입니다. SNS를 활용하며 서로에게 욕설을 한 정황이 보여 상담을 진행한 후 온책 읽기를 할 때 욕설과 관련된 이야기를 나눌 수 있는 책을 선정했습니다.

학생들은 책을 읽으며 욕설과 관련된 자신의 경험을 공유하고 욕설을 쓰는 이유에 대해 고민해 보는 시간을 갖습니다. 실제 SNS에서 바람직하지 않았던 대화 예절을 캡처해서 바르게 고쳐보는 시간을 갖기도 했습니다. 익명으로 캡처해도 좋고 우리의 성장을 위해서 꾸밈없이 가져오라고 했더니 교실 밖 우리 반의 모습을 적나라하게 볼 수 있었습니다. 익명이라고는 하지만 서로 얼굴을 보면 차마 하지 못할 말들을 너무나도 쉽게 쓰는 자신의 모습을 한 발 떨어져서 타인의 시선으로 보며 당혹스러워하는 학생들도 있었습니다.

"욕설의 단점은 뭘까? 화가 나면 욕이 나올 수도 있지 선생님은 왜 욕을 하는게 안 좋다고 하는 걸까?" 학생들에게 질문합니다. "상대방의 기분이 나빠져요.", "친했던 친구와 절교할 수 있어요." 등 상대방의 입장에서 생각을 하다가 주인공이 욕을 하면서도 기분이 불편했던 이유를 떠올려보며 결국 욕은 스스로에게도 나쁜 영향을 준다는 점을 상기합니다. 대화를 통해 학생들은 욕을 습관적으로 하다 보면 자신의 감정을 정확하게 표현하지 못하고 부정적인 감정에 휩쓸릴 수 있음을 깨닫습니다. 자신을 위해서라도 욕설을 사용하지 않을 것을 약속하며 욕설을 대신해서 부정적인 감정을 해소하는 방법을 함께 고민했습니다. 생활 속 습관을 즉각적으로 바로잡기 어려울 수 있지만 자신의 모습을 점검하고 생각의 씨앗을 심어주는 것은 앞으로의 행동을 선택하는 데 있어서 의미 있는 활동이 될 것이라 믿습니다.

어린이 작가 되기

　저경력 교사일 때 아이스크림 연수원에서 어떤 연수를 들을지 고민을 하던 중에 그림책 연수가 눈에 들어왔습니다. 책 읽기를 좋아하는 저는 학생들과 그림책을 함께 읽는 것을 좋아했고 '내년에 함께 할 학생들과 함께 읽을 만한 그림책들이 소개되었으면 좋겠다.' 정도의 기대만 안고 연수를 듣기 시작했습니다.

　별 생각 없이 듣기 시작한 그림책 연수는 연수 자료를 인쇄해서 제본하고 도서관에 가서 필기를 하며 들을 정도로 푹 빠지게 되었습니다. 단순히 책 소개뿐만 아니라 학급에서 그림책을 만들 수 있는 방법을 소개해 주고 있었습니다. 우리 반 학생들이 온전히 자신만의 이야기를 만들 수 있다니! 학생들에게 정말 의미 있는 시간이 될 것 같았습니다.

연수를 진행한 '좋아서하는어린이책연구회' 대표 선생님과 SNS로 연락을 주고받으며 그림책 만들기에 대한 고민을 시작했습니다.

어린이 작가로서 다양한 그림책들을 경험해보기, 타 시도 학교와 그림책으로 교류하기 등 여러 가지 활동들을 진행했고 이를 바탕으로 학생들은 자신만의 그림책을 만들어 보기 시작했습니다.

어린이 작가 되기 프로젝트 수업의 첫 시작은 2년 차에 함께했던 3학년 학생들이었습니다. 방학 때 연수를 듣고 새 학년을 시작하는데 교육과정 수립 기간에 프로젝트 수업을 필수적으로 계획해보라는 안내가 있었습니다. 마음 속으로 '잘됐다!' 하며 〈어린이 작가 되기 프로젝트〉라는 이름으로 프로젝트 수업을 계획했습니다.

학교 내에서 워낙 힘든 학년으로 소문날 정도로 기피 학년이기도 했고 전해에 옆 반에 있으면서 바닥에 누워 발버둥 치는 학생, 교실 안에서 소리를 지르는 학생들을 수차례 봤기 때문에 사실 걱정이 앞서기도 했습니다.

그림책보다는 기본생활습관을 형성하는 것이 우선이었고 매일 마주하는 여러 문제들을 해결하기에 급급하기도 했습니다.

그래도 〈어린이 작가 되기 프로젝트〉를 시작했습니다. 걱정과 달리 학생들은 저와 함께 읽었던 그림책들을 집으로 빌려 가서 동생들에게 읽어주기도 할 정도로 그림책을 좋아했습니다. 그림책 만들기를 시작할 때는 정말 정신없이 하루를 보냈습니다. 책을 만드는 과정과 속도가 학생마다 다르고 계획했던 수업 차시보다 시간이 훨씬 부족해서 아침 시간, 쉬는 시간, 심지어 하교하고 나서도 학생들과 1:1로 그림책을 붙잡고 지냈습니다.

정성껏 만든 그림책이 도착한 날 택배를 열었을 때 마주한 감동이란! 비닐을 뜯지도 않은 채로 사진을 10장 가까이 찍었던 기억이 납니다. 다음 날, 학생들에게 "그림책 나왔어!"라고 말하자마자 울려 퍼지던 환호 소리와 비닐을 벗기자 학생들의 얼굴에 미소가 활짝 피던 모습이 아직도 눈에 선합니다.

그림책이 완성된 이후에 함께 근무했던 교무부장님께서 "선생님, 이번에 ○○가 운동장에 보여서 '○○ 그림책 완성한 거 봤어. 엄청 대단하던 걸?' 하고 말하니까 씩 웃으면서 '저도 제가 해낼 줄 몰랐어요.'라고 말하고 가더라구요. 고생 많았어요."라고 말씀해주시는데 큰 울림이 있었습니다. 전해부터 힘들다는 이야기가 나온 학생 중 한 명이기도 했고 그림책을 만드는 과정 중에 포기하고 싶다고 여러 번 말한 학생이었는데 끝까지 해내서 그런 말을 했다는 것이 뭉클하기까지 했습니다. 이 학생은 나중에 저에게 슬쩍 와서 "선생님, 저는 이거 평생 간직해서 손자한테 줄 거예요!" 하고 말했습니다.

학생들과 교실에서 매해 그림책을 제작하고 있습니다. 완성도가 높지 않아도 괜찮습니다. 그림책을 만드는 기간 동안 학생들은 정말 많은 그림책들과 함께하며 즐거움을 느끼고 결국에는 그림책을 통해 자신의 이야기를 표현하며 자신의 세상을 확장시킵니다. 다채로운 그림책으로 멋진 순간들이 펼쳐지는 수업입니다.

학급 그림책 만들기

학급에서 학생들과 가장 간단하게 만들 수 있는 그림책 활동입니다. 학급 그림책은 우리 반이 함께 하나의 이야기를 만드는 시간입니다. 자신만의 그림책을 만들기 전 사전 활동으로 진행하거나 학생 수가 20명 이상이 될 때 학급 그림책을 제작했습니다.

학급 그림책을 만들 때는 학생들과 하나의 이야기를 만들 수도 있고 기존에 있던 그림책을 학생들의 이야기로 수정할 수도 있습니다. 가장 간단한 방법은 기존에 있던 그림책의 내용을 수정하는 것입니다. 우선 이야기의 뼈대가 되는 그림책을 한 권 선택합니다. 한 사람당 하나의 이야기를 넣을 수 있을 만한 그림책을 선정하면 좋습니다. (* 추천하는 그림책:『진정한 일곱 살』,『치킨 마스크』,『다다다 다른 별 학교』등)

처음에는 시중에 나온 그림책을 함께 읽고 책의 내용에 대한 대화를 풍부하게 나눕니다. 그림책을 깊게 읽었다면 학급 그림책에 넣을 이야기를 정하고 저마다 그림책 장면을 한 장씩 정합니다. 그림책에 나온 이야기 대신 자신의 이야기를 넣습니다. 그림을 그리기 전에는 서로의 이야기를 공유하며 중복되는 장면이 없게 합니다.

그림에 넣을 문구는 교사가 컴퓨터로 편집하는 것이 깔끔합니다. 그림 안에 글을 쓰다가 맞춤법이 틀리면 그림을 다시 그려야 하고 편집하는 과정 중에 학생들이 작성한 글이 잘 보이지 않는 경우가 있었습니다.

한 명이 1~2쪽만 맡아서 완성하기 때문에 학생들은 가벼운 마음으로 그

행복과 배움으로 채우는 초등학교 교실

* **진정한 일곱 살**(허은미 지음, 오정택 그림, 양철북) ・ * **치킨 마스크**(우쓰기 미호 지음, 책읽는곰)
* **다다다 다른 별 학교**(윤진현 지음, 천개의바람)

림책 만들기 활동에 참여할 수 있고 교사의 제작 부담도 적습니다. 학생들의 그림을 모두 모아 스캔하고 한 권의 책만 편집 작업을 하면 되기 때문에 시간도 짧게 걸립니다. 그림책을 제작할 때는 포토북을 활용하고

있습니다. 시중에 있는 다양한 포토북 사이트 중 하나를 선택해서 디자인 없이 직접 편집하기를 선택합니다. 그림 파일을 스캔할 때는 PDF파일이 아닌 JPEG 파일로 스캔하면 한쪽씩 편집할 수 있습니다.

학급 그림책의 표지를 그리는 방법은 다양합니다. 첫 번째, 표지 그리기를 희망하는 학생들이 표지를 제작합니다. 이 경우 희망자를 모집해서 정해진 기간 동안 표지를 수합받은 뒤 우리 반 학생들이 다 같이 투표해서 결정합니다. 보통 그림에 자신 있는 학생들이 신청을 하고 자신의 그림으로 학급 그림책의 표지가 만들어지기 때문에 선정된 학생은 굉장히 좋아하며 보람을 느낍니다.

두 번째, 학생들의 작품을 아주 작게 편집해서 표지에 캐릭터 사진을 전부 넣습니다. 모두의 작품이 들어가기 때문에 만족도가 높고 학생들의 손길이 들어간 그림들이라 매력적입니다.

세 번째, 교사가 편집 어플을 활용해서 표지를 제작하는 방법이 있습니다. 포토북 제작 사이트에 여러 가지 스티커 기능이 있어서 표지를 만드는 시간이 별로 걸리지 않고 깔끔한 이미지가 나오는 장점이 있습니다.

우리 반 단점을 찾아라

그림책을 처음 제작했던 첫해에는 연수에서 안내된 활동을 그대로 따라서 학급 그림책을 제작했습니다. 〈우리 반 단점을 찾아라!〉는 자신의 단점을 떠올려서 캐릭터화해보고 단점을 장점으로 바꿔서 생각해 보는 활동입니다.

교과서에 낙서하는 습관, 늦잠 자는 습관 등 부끄럽고 바꾸고 싶었던 자신의 단점을 당당하게 드러내고 단점을 장점으로 승화시키는 기회가 되었습니다. 낙서하는 습관을 가진 학생은 미술이 어려운 친구에게 자신의 단점을 추천하고 늦잠을 자는 학생은 잠을 푹 자지 못한 친구에게 단점을 추천했습니다.

친구의 단점에 대한 설명을 듣고 도움이 될 것 같은 학생들은 손을 번쩍 들었는데 자신의 단점이 친구에게 도움이 된다니 어깨가 으쓱해졌습니다.

학생들은 그림책을 만들며 자신의 단점까지도 사랑하는 마음을 기르고 친구의 단점을 장점으로 생각하며 응원의 박수를 보냈습니다. 사람마다 단점이 있음을 이해하고 스스로를 돌아보는 과정에서 자신의 단점까지도 품어보며 나를 온전히 사랑하자는 다짐을 했습니다.

안녕? 나는 엉엉이야.

안녕? 나는 까칠이야.

안녕? 나는 깜빡이야.

이유가 있어요

요시타케 신스케 작가의 책은 읽다 보면 작가의 상상력에 푹 빠지게 돼서 개인적으로도 즐겨 읽습니다. 요시타케 신스케 작가의 책 중 『이유가 있어요』를 아이들과 읽고 그림책을 만들어봤습니다. 작가는 아이들의 행동을 각각의 엉뚱하고 귀여운 시선으로 이유를 들어 설명합니다. 학생들은 작가처럼 저마다 어른에게서 하지 말라고 들어봤던 행동들을 떠올렸습니다. 다리 떨기, 머리카락 뽑기 등 잔소리를 들었던 행동에 그럴싸한 이유를 붙여봤습니다. 길을 걷다가 한 칸이라도 있으면 올라가려고 하는 이유는

나중에 달나라에 쉽게 가기 위한 거라고 이야기하고 손으로 관절 꺾는 소리를 내는 학생은 자신이 전생에 관절 인형이었다고 합니다. 상상력을 발휘해서 유쾌하면서도 엉뚱한 내용으로 이야기를 채우는데 서로의 이야기가 공감이 갔는지 인기가 좋았습니다.

진정한 여덟 살

1학년 학생들과 『진정한 일곱 살』이라는 그림책을 『진정한 여덟 살』로 바꾸어 만든 그림책입니다. 학생들은 진정한 여덟 살이라면 어떻게 해야 할지 고민하고 자신이 생각하는 1학년의 바람직한 모습을 그림책으로 만

지운이가 생각하는 진정한 여덟 살은요,
동생한테 양보도 해요.

범준이가 생각하는 진정한 여덟 살은요,
잠을 혼자 잘 수 있어야 돼요.

들었습니다.

그림책을 읽을 독자는 7살 동생들로 정해서 형으로서, 언니로서 동생들에게 해주고 싶은 이야기를 담았습니다. 1학년이 되면 친구와 사이좋게 지낼 수 있어야 하고 무거운 책가방도 혼자 들 수 있어야 한다, 갖고 싶은 물건이 있어도 생일까지 기다릴 줄 알아야 한다는 등 귀여우면서도 1학년의 자부심이 들어있는 내용들이 가득합니다.

교과 연계 그림책

앞서 소개해드린 책들처럼 한 가지 그림책을 선정해서 함께 이야기를 채울 수도 있고 교과 활동을 진행하며 그림책을 만들 수도 있습니다. 사진의 그림책은 1학년에서 이웃들의 직업을 배울 때 제작했던 그림책입니다. 우리 가족, 이웃들의 직업을 살펴보고 면담을 통해 직업마다 하는 일을 조사한 뒤에 직업 한 개를 선택해서 우리 마을의 직업을 소개하는 그림책을 완성했습니다. 학급 문집과 유사하지만 그림책처럼 이야기를 엮었다는 부분에서 차이점이 있습니다.

1인 1그림책 만들기

어린이 작가 되기 수업의 꽃이라고 할 수 있는 개인 그림책 만들기 활동입니다. 그림책 만들기 수업은 프로젝트 수업으로 진행합니다. 학년 초 교육과정을 짤 때 국어, 미술, 창체 등 관련 교과를 결합해 프로젝트 수업을 계획합니다. 교육과정 내에 미리 계획되어 있으면 교육과정을 운영하는 데 부담 없이 수업을 진행할 수 있습니다.

　　어린이 작가 되기 프로젝트 수업에서 학생들은 작가가 되어 저마다의 이야기를 만듭니다. 작가와 독자의 역할을 번갈아가며 그림책을 만나고 자신의 이야기를 표현합니다. 학생들마다 다른 그림책을 만들기 위해서는 학생과 교사 모두의 정성과 시간이 굉장히 많이 들어갑니다. 시간이 꽤 오래 걸리기는 하지만 그만큼 자신만의 그림책에 애정이 쌓이고 자신도 할 수 있다는 성취감을 맛볼 수 있습니다. 교사에게는 보람을, 학생에게는 자부심이 되는 시간입니다.

그림책 만들기 방법

1단계. 작가의 시선으로 그림책 읽기

　　그림책을 구상하기 전에 학생들은 다양한 그림책을 읽고 공유합니다. 학교 도서관에 가서 책을 읽고 책에서 인상 깊었던 장면을 발표하는 시간

을 갖기도 하고 자신이 좋아하는
책과 이유를 설명하기도 합니다.
친구들이 추천하는 책을 기억해
서 찾아 읽는 학생들도 생겨납니
다. 좋은 그림책이 무엇인지에 대
해 같이 고민해보고 그림책의 주
인공들을 찾아 이야기 나누며 이
야기의 흐름이 어떻게 전개되었
는지도 파악합니다.

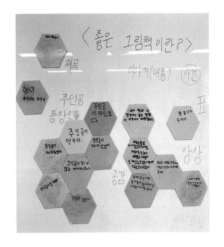

다양한 책들을 읽고 공유하며 학생들은 작가의 시선으로 그림책을 읽
습니다. 지금까지 독자로서 그림책을 접했다면, 이제는 작가로서 그림책
을 보면서 자신의 그림책을 구상합니다.

학생들은 실제 그림책 작가는 주인공을 어떻게 선정했는지, 책 속의 배
경은 어떻게 변화하는지, 주인공이 겪게 되는 특별한 사건이 무엇인지 등

을 파악합니다. 학생들은 이 과정 속에서 생물뿐만 아니라 무생물도 그림 책의 주인공이 될 수 있음을 깨닫기도 하고 자신이 만들 그림책의 주제로 는 어떤 것을 선택할지 등을 계속해서 고민합니다.

학급 환경은 다양한 책들에 노출될 수 있는 환경으로 구성합니다. 학교 도서관에 가서 따뜻한 교훈이 있는 책, 재미있는 사 건이 전개되는 그림책 등을 찾습니다. 자 신이 선택한 그림책은 학급 대출을 이용해 학급에 배치해서 많은 학생들이 참고할 수 있도록 합니다. 학생들이 직접 책을 추천 하기도 하고 서점에 방문해서 구입한 책을

학급 도서로 비치해서 돌아가며 읽을 수 있게 합니다. 책 뒤에는 독서 확 인표를 우리 반 학생들 이름으로 만들어서 자신의 책을 최대한 많은 친구 들이 읽을 수 있도록 홍보할 수도 있습니다.

이야기적인 부분들을 충분히 살펴봤다면 책의 그림들도 살펴봅니다. 아 무 생각 없이 지나쳐 왔던 그림책의 그림들이 어떤 재료로 그려졌는지 파

악합니다. 여러 가지 재료들을 경 험해 보면 그림을 그릴 때 색연필 을 사용해 그리는 학생, 붓펜을 활 용해 그리는 학생 등 여러 가지 재 료를 활용해서 그림책을 만드는 세계가 확장됩니다.

223

• **알사탕**(백희나 지음, 스토리보울)

한 학생은 『알사탕』에 영감을 받아 찰흙으로 주인공을 만들고 사진을 찍어가며 그림책을 만들었습니다. 이 학생은 친구들이 그림을 그릴 때 혼자 찰흙으로 주인공인 강아지를 조물조물 만들었습니다. 저조차도 '저게 될까?' 하고 의문이 들었는데 집에 있는 소품들을 활용해서 배경을 만들어 주인공을 배치해서 사진을 보내왔을 때의 감동이 아직도 선명합니다.

2단계. 이야기 구상하기

이야기를 구상할 때는 여러 가지 상상의 이야기를 친구들과 함께 만들어 봅니다. 자신의 경험에서 상상의 질문을 덧붙이기도 하고 친구의 질문을 확장시켜 이야기를 만들어 보기도 합니다. 이 과정에서 학생들은 주인공, 배경, 시간의 흐름, 특별한 사건, 사건의 흐름을 위한 다른 등장인물, 결말을 대략적으로 구상합니다.

그림책의 내용은 원화를 그리기 전까지 전부 수정이 가능하고 서로 공유할수록 이야기가 풍성해지기 때문에 등장인물을 선정하고 이야기 틀을 계획하는 순간마다 친구들과 공유하는 시간을 갖습니다. 대략적인 이야기 틀을 구상했다면 이제는 스토리보드를 짜는 시간입니다. 그림책을 만들 때는 이야기만 만드는 것이 아니라 그림책 면지를 어떻게 구성할지에 대

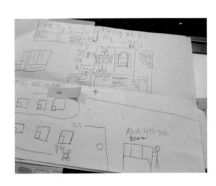

한 고민이 이루어져야 합니다.

　포토북 업체 최소 쪽수를 기준으로 한 쪽에 어떤 그림과 글이 들어갈지를 계획합니다. 시중에 만화 그리기용 공책을 구입해서 사용하면 좋습니다. 공책은 작가 공책이라는 이름으로 사용했습니다. 작가 공책에 이야기를 구상할 때부터는 개인 활동입니다. 그림을 그리기 전에 작가 공책에 이야기를 창작하기 시작합니다. 칸 옆에 쪽수를 적어놓으면 이후 편집할 때 좋습니다. 이야기는 교사와 1:1로 끊임없이 확인하고 퇴고하는 과정을 거칩니다. 사건 흐름이 매끄럽지 않은 경우가 많기 때문에 독자가 이야기의 전개 과정을 이해할 수 있도록 상황을 풀어쓰는 연습을 하게 됩니다.

　이야기가 어느 정도 완성이 됐다면 이야기에 맞는 그림을 옆 칸에 그려 봅니다. 그림을 그리기 전에 시중에 나와 있는 그림책의 장면을 참고하며 다양한 표정 그리기, 효과적인 구도 등을 연습하는 시간을 가지면 그림의 완성도가 높아집니다. 정면 그리기에 익숙해진 학생들이라 구도를 다양하게 잡을 수 있도록 도움을 주면 좋습니다.

3단계. 원화 그리기

　그림책 제작 과정 중에 가장 시간이 많이 걸리는 단계입니다. 이야기를 구상했다면 이제는 그림책에 들어갈 그림을 그립니다. 종이가 구겨진 것도 전부 스캔이 되기 때문에 구김이 별로 생기지 않는 모조지를 사용하고 포토북 제작을 위해 가로형으로 그림을 그립니다. 색연필, 붓펜, 물감, 매직 등 채색하는 재료는 학생들이 스스로 선택합니다.

　보통 연필로 그림을 그리고 검정색 사인펜이나 네임펜으로 테두리를 따라 그립니다. 대부분의 학생들이 채색할 때는 색연필을 선택하는데 꼼

꼼꼼하게 색칠할 때까지 한 장씩 확인해주고 있습니다. 교사에게 한 장을 확인받은 뒤에 다음 장을 그리고 채색합니다. 하루에 1쪽씩은 꼭 원화를 완성할 수 있도록 하고 시간이 부족한 경우 과제로 냅니다. 채색을 미룰수록 속도를 따라가기 버거워질 가능성이 높아서 원화를 그릴 때는 꼭 친구들과 속도를 맞춰서 완성할 수 있게 합니다.

그림책을 만들 때는 늘 그림책들과 함께합니다. 비슷한 장면이 있거나 비슷한 주인공이 있는 그림책들을 참고할 수 있게 원화를 그릴 때는 자신이 참고하고 싶은 그림책들을 옆에 두게 합니다. 인물을 그릴 때 정면을 그리는 것이 익숙했던 학생들도 그림책을 참고하면 색다른 구도로 그림을 그립니다.

그림을 어떻게 그려야 할지 잘 모를 때는 스마트 기기를 활용할 때도 있습니다. 'OO 그림' 또는 'OO 일러스트'를 검색하면 그림화된 이미지를 찾을 수 있어서 학생들에게 많은 도움이 됩니다.

4단계. 포토북 제작하기

이제는 교사의 시간과 노력이 들어가는 단계입니다. 학생들이 제출한 그림을 JPEG, 풀 컬러 파일로 스캔한 뒤 포토북으로 편집합니다. 포토북으로 편집할 때는 작가가 된 느낌을 한껏 느낄 수 있도록 늘 옆에 앉아 함께 그림책에 들어갈 글씨체를 고르고 말풍선 스티커를 고르는 등 편집에 자신의 취향이 반영될 수 있게 하고 있습니다. 쉬는 시간마다 함께 편집하는데 작가 공책과 원화를 준비하고 원화를 이야기 순서대로 준비하면 수월합니다.

편집 과정에서 교사와 학생이 함께 이야기를 다시 살펴봅니다. 작가 공책에 쓰여진 이야기를 컴퓨터 작업으로 작성해주는데 문맥이나 이야기 흐름이 이상한 경우 학생과 의논하며 계속해서 수정 작업을 거칩니다. 어색한 부분이 있거나 고민을 더 해야 할 부분이 있다면 작가 공책에 표시를 해주고 수정할 부분을 고민한 뒤에 다시 오게 합니다.

컴퓨터로 편집 작업을 할 때는 자신의 그림이 그림책에 가까워지는 모습을 보게 되니 눈에 설렘이 가득합니다. 매번 늦게 등교하는 학생도 앞 차례 친구가 교실에 없을 때는 자신의 그림책을 편집할 수 있어서 일부러 등교를 빨리 하고 쉬는 시간에도 나가지 않고 편집하기만을 기대합니다. 편집이 끝난 학생은 "○○ 작가님, 편집 완료했습니다!" 하며 모든 학생들에게 축하를 받습니다.

5단계. 그림책 출판기념회 준비하기

그림책이 완성되면 그림책 출판기념회를 갖습니다. 자신의 그림책을 친구들과 공유하는 시간입니다. 그림책이 배송 출발했다는 연락을 받으면 출판기념회를 준비합니다. 이제껏 그림책 완성을 위해 열심히 달려온 우리 반 작가님들의 출판기념회를 상상하며 현수막이 있으면 행사 분위기를 흠뻑 느낄 수 있겠다는 생각에 디자인을 고민하던 중 문득 '아이들이랑 같이 만들어야겠다!'는 생각이 반짝 들었습니다. 아이들의 손길이 닿아 있는 현수막은 시중에 나온 디자인보다 어설플 수도 있지만 훨씬 의미있고 나름의 매력이 있겠다는 생각이었습니다.

우선 학교에 있는 현수막 종이를 잘랐습니다. 현수막에 쓸 문구를 생각하고 글자 크기를 고려하며 마스킹테이프로 구역을 구분했습니다. 우리 반 책상과 의자를 두 줄로 길게 이어 붙이고 빈 현수막을 올려놓았습니다. 앉은 순서대로 한 명이 한 글자씩 맡았습니다. 연필로 쓴 글자 위에 매직으로 테두리를 다시 딴 뒤에 색을 정했습니다. 글자의 테두리를 따라 그리면 내 글자 네 글자 할 것 없이 우리 반 모두가 옹기종기 모여 함께 색칠하

고 꾸밉니다. 자신이 만든 그림책 속 주인공, 우리 반 로고, 별 모양 등을 주먹 크기만큼 그려 넣으니 현수막이 더욱 다채로워졌습니다. 생각했던 것보다 훨씬 매력적이고 근사한 현수막이 완성됩니다. 손수 만든 현수막을 교실에 걸어두니 행사의 느낌이 물씬 났습니다.

6단계. 그림책 출판기념회

드디어 완성된 그림책입니다. 그림책이 완성됐다는 소식에 환호 소리가 복도까지 울려 퍼지고 학생들의 얼굴에 보람과 행복이 넘실거립니다. 그림책 택배를 받으면 새 상품으로 자신의 책을 만날 수 있도록 비닐을 뜯지 않은 채로 학생들에게 배부합니다. 한 권씩 제목을 읽으면서 작가의 이름을 불러주는데 자신의 그림책이 나올 때 눈을 반짝이고 함박웃음을 지으며 교사에게 다가옵니다. 친구들은 어느 때보다 큰 박수를 보내줍니다. 실제 그림책과 비슷한 형태의 책을 받으면서 감탄하고 한 장씩 펼치며 자신이 만든 이야기에 푹 빠집니다. 그림책이 완성되기 전까지는 개인 작업으로 친구들과 자신의 이야기를 비밀로 하고 있어서 얼른 자신의 책을 읽어주고 싶어함과 동시에 친구들의 이야기를 읽고 싶어 합니다.

그림책 만들기 과정에서 사용했던 자료들(학습지, 작가 공책, 원화 등)은 교실 구석에 전시하고 책상 위에는 연필과 지우개, 방명록을 올려놓은 뒤 출판기념회를 시작했습니다. 출판기념회를 할 때 책상 대형은 4모둠 기준으로 ㅁ자 대형입니다. 학생 수가 적을 때는 ㄷ자, 학생 수가 많을 때는 ㅁ자 대형을 하면 좋습니다.

동기 유발로는 학생들의 그림책 제작 과정을 담은 영상이나 사진을 준비하는 편입니다. 잔잔한 노래와 함께 틀어주면서 기억에 남는 순간들에 대해 이야기를 나눕니다. "선생님, 저 오늘 영상 보고 울 뻔했어요."라고 감동을 표현하는 학생들의 말에 출판기념회에서 제작 과정이 담긴 영상 자료를 준비하면 출판기념회에 조금 더 의미를 더할 수 있다는 게 느껴집니다. 영상을 시청한 후에는 본격적으로 자신의 그림책을 친구에게 읽어줍니다.

모둠별로 나눠서 1:1로 그림책을 읽고 들을 수 있게 자리를 마련합니다. 생각한 것보다 훨씬 실감 나고 재미있게 읽어주는 학생들의 모습에 감탄한 적이 많습니다. 주어진 시간 동안 학생들은 친구의 그림책을 읽고 방명록에 칭찬의 글이나 작가에게 하고 싶은 말 등을 작성합니다. 시간이 남는 학생은 그림책에 대해 궁금한 점을 질문하기도 합니다. 한 차례 친구들의 그림책 이야기를 읽으면 이후에는 다른 모둠의 그림책을 읽을 시간입니다. 의자를 다른 모둠 쪽으로 옮겨서 활동을 진행합니다. 모둠끼리 바꿔가며 책을 읽는 시간을 가졌다면 소감을 작성하고 발표하며 출판기념회를 마무리합니다. 마무리하겠다는 교사의 말에 "아~~" 하고 탄식하는 학생들의 목소리가 들립니다. 수업이 끝나기를 아쉬워하는 모습이 참 귀하다는 생각이 듭니다.

완성한 그림책은 학급 도서로 배치해두었다가 학년 말에 가정으로 보냅니다. 학교 도서관이나 복도에 일정 기간 동안 전시해두는 것도 추천합니다. 교내 메시지로 선생님들께 그림책을 전시하고 있으니 학생들이 자유롭게 와서 읽을 수 있도록 안내를 부탁드립니다. 그림책 옆에 방명록을 적을 수 있는 곳을 마련하고 포스트잇과 연필을 준비해두면 다른 학급, 학년 학생들도 찾아와서 책을 읽고 소감문을 적습니다. 작년 별빛교실 선배들이 별빛교실 행사를 한다니 모두 달려와 후배들의 이야기를 읽고 소감문을 정성껏 써주는 훈훈한 모습도 볼 수 있었습니다. 자신의 그림책이 이렇게나 인기가 많다며 그림책 작가로서의 자부심을 한껏 높일 수 있는 시간이 되었습니다.

후배들에게 책 읽어주기

　우리 학교 동생들에게 책을 읽어주는 활동은 독서 교육 활동 중 학생들이 진지하게 참여하는 활동입니다. 학생들이 1학년일 때는 유치원 동생에게, 병설유치원이 없는 경우에는 가족에게 읽어주는 활동으로 대체할 수도 있습니다. 가장 좋은 것은 직접 후배들의 교실에 가서 책을 읽어주는 것입니다. 가장 먼저 할 일은 저학년 선생님과의 협의입니다. 저학년 선생님과 함께 활동을 계획하며 장소, 시간 등을 정합니다.

　정해진 기간 동안 학생들은 학교 도서관에 가거나 학급에 비치된 그림책들을 살펴보며 동생에게 읽어줄 책을 선택합니다. 자신이 좋아하는 책

도 좋지만 동생들이 재미
있게 읽을 수 있는 책으
로 고르기 위해 다양한
그림책들을 신중하게 살
펴봅니다. 어렸을 때 좋아
했던 그림책을 가져오기
도 합니다.

책을 골랐다면 교실에서 짝꿍과 함께 책 읽어주는 방법을 연습합니다.
"애들아, 동생들한테 책 읽어줄 때 그냥 줄줄 읽어버릴까?"라는 질문에
학생들은 "아니요!" 하고 반사적으로 대답합니다.

"그러면 어떻게 읽어줄까?"
다들 대답이 없습니다. 이때 교실에서 우리가 그림책을 어떻게 읽었는
지를 생각해 보라고 합니다. 한두 명씩 손을 들기 시작합니다.

"표지부터 봐요! 표지에 어떤 그림이 있는지 살펴보고 뭐가 보이는지
물어봐요."
"주인공은 어떤 성격일지 상상해요."
"어떤 이야기가 펼쳐질지 물어봐요!"

학생들의 대답과 연결 지어서 책 읽어주는 연습을 시작합니다. 책을 읽
을 때는 그냥 읽는 것이 아니라 표지부터 살펴보고 삽화에 어떤 그림이 있
는지, 어떤 내용이 펼쳐질 것 같은지 등 동생에게 할 질문들을 고민합니다.

이야기를 실감 나게 읽는 방법도 연습합니다. 친구가 동생이 되었다고 생각하면서 짝과 함께 연습하는데 평소였으면 같이 웃고 장난쳤을 텐데도 동생을 연기하는 친구를 실제 동생이라 생각하며 사뭇 진지하게 연습합니다. 주어진 시간 동안 책을 다 읽고 시간이 남는 경우에 어떤 것을 할지에 대해서도 고민합니다. 학생들은 저마다 그림책과 관련된 퀴즈를 준비하기도 하고 채색도구를 준비해서 동생과 함께 그림을 그릴 준비도 합니다.

책을 읽어주는 날이 되면 학생들은 등교할 때부터 들떠있습니다. 책을 소중하게 들고 후배들 교실로 향하는 모습은 비장하기까지 합니다. 교실 앞에 도착하면 창문 너머의 동생들을 힐끗힐끗 쳐다보며 다들 설레는 표정으로 대기합니다. 교실에 들어가면 짝꿍을 정해줍니다. 학생 수가 정확하게 일치하지 않는 경우가 대부분이라 사전에 학생 수를 파악하고 준비하면 좋습니다. 짝꿍으로 맺어진 동생과 인사를 하고 책과 관련된 대화를 시작합니다.

"주인공이 누구일 것 같아?", "책 제목 같이 읽어 볼까?" 등 재잘거리는 목소리가 퍼집니다. 진지한 표정의 학생들 옆에 동생들의 눈은 반짝이고 있습니다. 언니, 오빠, 형, 누나가 읽어주는 그림책에 흠뻑 빠진 동생들이 "나도 이런 적 있어!", "우와!" 하며 목소리가 커지기 시작합니다.

자신이 만든 그림책을 1학년 동생들에게 읽어주는 활동도 좋습니다. 이전에 그림책을 읽어줬던 경험이 있기 때문에 책을 읽어주는 모습이 한결 자연스럽습니다. 동생들이 옆에 오면 인사를 하면서 자신을 소개합니다. 동생의 이름도 물어보고 그림책 표지를 함께 살펴봅니다. 옆에 앉은 동생

이 한글을 어려워할 수도 있어서 한 글자씩 손가락으로 짚어주며 읽어줍니다. 자신이 만든 그림책이라 글을 읽을 때 생동감이 넘칩니다. 여러 명의 동생들을 만나 책을 읽어주는데 지친 기색 없이 분위기는 더욱 즐거워집니다. 교실에서는 어리게만 보였던 학생들이 동생들 옆에서 의젓하게 보이는 하루입니다.

그림책을 읽어주는 시간이 끝나도 그림책 짝꿍의 인연은 쭉 이어집니다. 줄을 서서 급식실로 향하고 있는데 저 멀리서 동생이 너무 반갑게 큰 목소리로 인사하고 우리 반 학생은 그런 동생의 머리를 쓱 쓰다듬길래 "동생이야?" 했더니 "그림책 읽어줬던 동생이에요!" 하고 씩 웃었습니다. '책으로 소중한 인연이 생겼구나.' 하며 미소가 지어졌습니다.

서점 나들이

　학생들과 직접 서점에 가는 활동도 강력하게 추천드립니다. 제가 근무했던 학교의 학생들 중에는 가정환경이 어려운 학생들이 많았습니다. 저학년은 물론 고학년임에도 불구하고 서점과 도서관의 차이를 모르는 학생들이 있었고 서점에 처음 가보는 학생들도 많았습니다. 학년 초에 1인당 1권의 그림책을 구입할 수 있도록 관련 예산을 편성했었습니다. 책을 인터넷이나 서점에 연락해서 구입하는 것보다는 직접 서점에 가서 책을 고르는 것이 의미 있겠다 싶어 시작한 활동이었습니다.

　〈나의 인생 책 만나기〉라는 제목으로 수업을 진행했습니다. 먼저 서점에 가기 전에 학교 도서관에 가서 여러 가지 책들을 읽으며 즐겁게 읽은 책들을 정리하고 친구들과 공유하며 자신의 책 취향을 살펴봤습니다. 두 번째, 컴퓨터를 활용해 요즘 초등학생에게 인기 있는 책들을 순위별로 검색해보고 읽고 싶은 책들을 정리하는 시간을 가졌습니다. 초등학교 추천도서를 파악하고 서점에 방문하니 익숙한 제목의 그림책을 만났을 때 "선생님! 인터넷에서 봤던 책이 여기 있어요!" 하며 신난 표정으로 친구들에게 책을 소개합니다. 학생들은 서점에 방문해서 여러 가지 책들을 마음껏 읽는 시간을 갖습니다. 다른 손님들 사이에서 조용히 책을 살펴보고 실제 판매 중인 책이기 때문에 한 장을 넘겨도 조심히 책을 다루는 등 서점에서 지켜야 할 예절을 지키며 자신이 소장하고 싶은 책을 신중하게 선택했습니다.

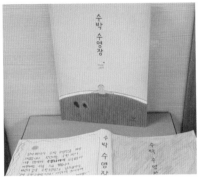

　학생들이 고른 책들은 가정으로 바로 가져가지 않고 학급문고로 사용하다가 학년 말에 학생들에게 선물로 나누어주었습니다. 자신이 직접 고른 책을 학급문고로 사용하니 자신이 고른 책을 친구들에게 홍보하기도 하고 고른 책으로 다양한 독서 활동을 진행할 수도 있었습니다. 예를 들어 책 표지를 만들어보고 책의 내용을 간추려서 자신의 책을 소개하는 시간을 매주 가졌습니다. 직접 만든 표지를 책에 감싸서 학급문고와 구분 짓고 매주 책 한 권씩 이번 주 추천 책으로 정해서 우리 반 모두가 돌아가며 읽었습니다. 한 해 동안 읽게 되는 책이 우리 반 친구들의 수만큼 늘었습니다.

책 추천하기

◆

　학생들은 다양한 방법으로 자신이 읽은 책을 추천하고 공유합니다. 학급 친구들, 옆 반 친구들, 전교생 등 추천하는 대상은 다양합니다. 자신이 읽은 책 중 친구들에게 추천하고 싶은 책들을 복도에 게시하기도 하고 학교 모니터에 띄워서 책을 추천하기도 합니다.

　학교에서 사용하지 않고 방치되던 작은 모니터가 있었습니다. 복도를 걸을 때마다 조금 아쉬웠는데 전교생이 오고 가는 복도라서 책을 추천하면 좋겠다는 생각이 들었습니다. 학생들에게 우리 학교 학생들에게 추천하고 싶은 책을 한 권씩 가져오게 해서 책과 사진을 찍고 추천하는 문구를 간단하게 편집해서 화면에 띄웠습니다. 책과 함께 재미있는 포즈를 취한 사진과 책 소개 문구를 함께 복도에 게시하니 학생들이 아주 즐거워했습니다.

　개인이 추천할 수도 있지만 모둠 친구들과 책을 골라서 추천할 수도 있습니다. 아무 책이나 추천하는 것이 아니라 자신이 좋아하는 책이나 재미있었던 책을 추천하는 것이라서 책을 한번 더 살펴보는 기회가 됩니다. 책을 소개하는 소개판을 만들어 복도에 게시하거나 책 자체를 전시할 수도 있습니다.

매주 다르게 게시되는 책들을 보며 다른 학년, 다른 학급의 학생들도 "선생님, 복도에 있는 책 읽어봐도 돼요?" 하며 책을 읽고 복도에서 만난 친구들과 책에 대해 이야기를 나누는 모습을 볼 수 있습니다. 교사가 책을 추천하는 것보다 친구들이 책을 추천했을 때의 힘은 훨씬 큽니다.

너와 내가 함께 반짝이는 별빛교실

독서기록장

　'매주 주말에 일기를 쓰는 것보다 의미 있는 활동이 있지 않을까?' 하고 고민하던 때가 있었습니다. 일기 숙제를 매주 낸 적이 있었는데 내용을 읽어 보면 주말에 억지로 쓰는 느낌이 강했고 마음 글쓰기와 중복이 되는 활동이라 일기에 대한 고민을 자주 했습니다.

　새 학년을 준비하는 2월에 '올해는 일기가 아니라 독서기록장을 쓰도록 해야겠다.'는 생각이 들었습니다. 독서기록장을 작성하려면 짧게라도 책을 읽어야 하니 일부러라도 책을 읽게 하자는 목적이었습니다. 독서기록장은 꼭 주말에 하지 않고 아침 독서 시간, 쉬는 시간에 작성해도 괜찮다고 했습니다. 언제 어디서든지 책을 조금이라도 읽게 하기 위한 활동이었습니다. 온책읽기 활동을 할 때도 독서기록장을 활용했습니다.

　독서기록장은 정형화된 틀에 작성하기보다는 줄공책을 활용했습니다. 시중에 나와 있는 활동지가 무수히 많았지만 줄공책을 활용하면 학생들이 작성하고 싶은 분량을 마음껏 정할 수 있었고 글씨를 교정하는 데도 도움이 되었습니다.

　독서기록장에는 날짜, 제목, 내용, 느낀 점을 파란색 펜으로 구분해서 씁니다. 독서기록장이 학생들에게 부담이 되는 활동이 되어서는 안 된다는 생각에 내용과 느낀 점을 포함해서 딱 3문장만 쓰도록 했습니다. 글을 쓰다가 더 쓰고 싶은 학생들은 자유롭게 기록하면 됩니다. 독서기록장에 담긴 느낀 점을 읽으며 인상 깊은 부분에 표시를 하기도 하고 짧은 댓글을 달아주니 인기가 좋았습니다. 책을 읽고 짧게라도 기록하는 습관을 들이니 2학기가 되면 어느새 줄공책을 한 장 가득 채우는 학생들이 생겨납니다.

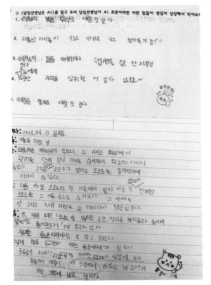
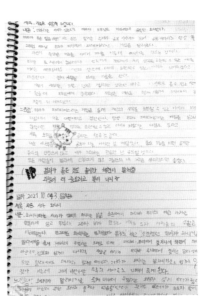

너와 내가 함께 반짝이는 별빛교실

별별책방

　학급문고는 별별책방이라는 이름을 사용하고 있습니다. 지역자치프로 그램에 신청해서 받은 책들, 학교 도서관 책을 정리할 때 얻은 책들, 직접 구입한 책들 등 우리 반 학생들이 읽었으면 하는 그림책들을 틈틈이 모아 매해 갖고 다니고 있습니다. 학급문고가 별로 많지 않은 선생님에게 선물 할 때도 있지만 나눈 책들을 제외해도 꽤 많이 갖고 다니는 편입니다.

　학생들이 생활하는 반경에 책들이 최대한 많이 있을수록 좋다는 생각에 기존에 제가 갖고 다니는 책들과 별빛도서부가 매달 도서관에서 학급 대출로 빌려오는 책들을 다 합치면 학급에서 읽을 수 있는 책들이 꽤 많습니다. (학급 대출로 빌려오는 책들은 추후 반납하기 편하도록 학급문고 한 칸을 지정해서 사용합니다.)

　책을 읽으라고 강요하는 것이 아니라 자발적으로 책을 읽고 싶은 환경을 만들어 주고 싶었습니다. 교실을 오고 가며 책들이 눈에 들어오고 호기심에 한 번 책을 만지기만 해도 성공이라고 생각하며 교실 이사를 할 때면 학생들의 독서 공간부터 구성하고 있습니다. 교실 한 칸을 지정해서 수납함을 하나 두고 위에는 화이트보드와 추천하는 책을 전시할 수 있는 미니 이젤을 세워 둡니다. 별빛도서부의 행사를 적어 놓을 공간입니다.

　책꽂이가 있으면 좋지만 따로 없는 경우 별별책방은 사물함 위에 만듭니다. 많은 양의 책들을 세워놓기에는 사물함처럼 긴 공간이 필요합니다. 처음에는 북스탠드를 이용해서 책들을 정리했는데 사물함과 벽 사이에 공간이 있는 경우 책들이 뒤로 넘어가는 경우가 자주 있었습니다. 벽처럼 책을 받칠 공간이 없는 곳에 학급 책방을 만드는 경우에는 북스탠드보다는 책꽂이 형태를 구입해서 사용하는 것을 추천드립니다.

매트는 책 읽는 공간을 구성할 때 매우 추천하는 제품입니다. 사진은 28명의 학생들이 생활하는 교실에 구성했던 책 공간입니다. 학생 수가 많아도 책 읽는 공간을 구성할 수 있습니다. 푹신한 매트를 깔고

작지만 등을 기댈 수 있는 쿠션을 마련해두니 교실에서 학생들이 가장 애정하는 공간으로 탈바꿈했습니다. 밖에서 뛰어놀기를 사랑하는 학생들이 많았는데도 불구하고 매트를 구입하면서부터 쉬는 시간에 책을 읽고 별빛도서부 독서 행사에 참여하는 모습에 교사로서 감격했던 순간이 있었습니다. 학생들은 쉬는 시간이 되면 다들 실내화를 벗고 삼삼오오 이 공간으로 모여듭니다.

시 읽는 교실

시를 감상하며 마음이 맞닿는 순간을 마주할 때가 있습니다. 학급에서 다양한 방법으로 시를 감상할 수 있습니다. 함께 읽을 시집을 한 권 정해서 매일 시 한 편을 읽습니다. 도서관에서 시집을 빌려와서 시 읽는 달을 정하기도 하고 다양한 시를 인쇄해서 교실 곳곳에 붙여 자유롭게 감상하기도 합니다. 짧은 문장이 주는 감동과 유쾌함이 좋습니다. 시로 많은 이야기를 나누기 위해서는 학생들이 공감할 만한 시를 선정해야 합니다. 가족, 학교, 친구, 선생님 등 감정을 이입할 수 있는 내용이면 좋습니다. 시를 감상하면서 자신의 경험과 마음을 자연스럽게 나누는 모습을 볼 수 있습니다. 비슷한 경험을 떠올리며 시인의 마음에 공감하기도 하고 마음 속에 시의 구절을 차곡히 모아두기도 합니다.

시 감상은 창작으로 이어집니다. 교실 곳곳에서 붙여진 시를 읽고 짧은 소감을 적어서 공유하기, 기존에 있던 시 변형해서 창작하기, 마음에 드는 시 골라서 시화 그리기, 내 경험을 살린 시 쓰기 등 시로 다양한 활동을 할 수 있습니다. 시적 표현을 익히고 자신의 경험을 바탕으로 시를 쓰면 창의적인 시들이 나옵니다. 서툰 문장이라도 각자의 매력이 묻어나오는 시 낭송 시간은 즐거운 기억이 됩니다.

8장
별빛교실 속
생활

별빛교실 돌아보기

　매달 마지막 날에는 꼭 하는 일들이 있습니다. 대청소, 자리 바꾸기, 1인 1역할 바꾸기, 별빛도서부 행사 발표 및 다음 달 별빛도서부 뽑기입니다. 다음 달을 위한 준비를 하는데 이 모든 것을 하기 전에 꼭 이번 달 학급 살이를 돌아보는 시간을 갖습니다. 학교생활을 어떻게 했는지 스스로 평가하고 요즘 갖고 있는 고민이나 우리 반 친구들과의 관계도 등 한 달간의 모습을 종합적으로 돌아보는 시간입니다. 아침 활동 시간부터 학교생활을 평가하는 학습지를 작성해서 하교하기 직전까지 제출합니다. 모든 학생들이 제출하면 지난달과 비교하여 행동이 더 나아진 친구, 친절하게 대한 친구 등의 질문에 적혀 있는 학생들의 이름과 이유를 하나하나 읽어줍니다.

　자신의 행동을 스스로 되돌아보는 동시에 친구들이 관찰한 내용을 들으면서 다음 달에 어떻게 행동할지 다짐하는 시간을 갖습니다. 이후에 한 달 학급살이 소감을 나누며 활동을 마무리합니다. 고민이 있는 학생의 경우나 친구 관계도에서 관계가 좋지 않다고 표시가 되어 있는 경우에는 상담 자료로 활용합니다. 교사에게 말로는 하지 않았던 고민을 글로는 작성할 때가 있어서 학생들의 생활과 마음을 들여다볼 수 있습니다.

감사약과 인사약

01
감정을 표현하는 말

감(감정 표현하기) 네가 나를 계속 별명으로 불러서 속상했어.
사(사과 요청하기) 사과해줬으면 좋겠어.
약(약속하기) 앞으로는 별명이 아니라 이름으로 불러줘.

감정 표현을 하지 못하는 학생들이 점점 많아지고 있습니다. 감정이 상했을 때 자신의 감정을 표현하지 못하고 교사나 부모님이 대신 표현해주길 바라는 경우도 많고 자신의 마음을 표현하기 머뭇거리며 그대로 삼키는 아이들도 있습니다. 화가 났을 때 말로 표현하지 않고 폭력적인 행동으로 표출하는 경우도 있습니다. 밝은 마음뿐만 아니라 어두운 마음도 잘 받아들이고 바르게 표현하는 사람으로 성장하는 것은 중요합니다. 마음을 바르게 표현하는 것은 아이들이 삶을 살아가는 데 좋은 양분이 됩니다.

자신의 감정을 말로 표현하고 사과를 바르게 하는 방법을 교실 속에서 의도적으로 반복 지도합니다. 특히 불편한 상황에서 자신의 마음을 표현하는 방법을 연습합니다. 친구가 실수로 나를 쳤을 때, 친구의 말이 기분 나빴을 때 등 학급에서 일어날 수 있는 상황들을 다양하게 설정하고 그 상황 속에서 어떻게 말할 수 있을지에 대해 연습합니다. 처음에는 제시된 예시를 따라서 말하는 연습을 하고 이후에는 여러 가지 상황을 설정해서 짝꿍과 연습을 해서 발표합니다. 친구와 함께 말하면서 연습했던 기억은 학생들의 기억에 오래 남습니다. 이렇게 연습했던 감사약과 인사약은 교실 뒷게시판에 붙여서 학생들이 늘 볼 수 있도록 합니다.

02
사과를 표현하는 말

인(인정하기) 내가 계속 별명으로 불러서 속상했구나.
사(사과하기) 정말 미안해.
약(약속하기) 앞으로는 별명으로 부르지 않을게.

작은 일에 사과를 제대로 하지 못해서 싸움이 더 커지는 경우도 많습니다. 이야기를 들어보면 사과를 했지만 진심으로 하지 않아서 오히려 기분이 나빴다는 상황입니다. "어떻게 사과했는지 선생님 앞에서 똑같이 재연해보렴." 하면 사과했다며 씩씩거리던 학생이 당혹스러워합니다. 이런 경우 대부분 상대방의 눈을 바라보지도 않은 채 "미안!" 하고 휙 가버렸던 상황이 대부분이었습니다.

연습을 할 때는 대부분의 학생들이 모범적으로 대화하지만 생활 속에서 실천하기란 어렵습니다. 하지만 자신의 마음을 말하는 방법을 알고 연습한 경험은 서툴러도 스스로 감정을 표현하고 사과를 바르게 하는 데 도움이 됩니다. 갈등이 생긴 경우에는 학생들에게 지도한 감정을 표현하는

말과 사과를 표현하는 말로 말하도록 합니다. 친구와 갈등 상황이 생긴 뒤 어떻게 말해야 할지 어려워하는 학생은 제가 말하는 것을 따라서 연습한 뒤 친구의 눈을 바라보고 자신의 마음을 전달합니다.

감정을 표현하고 사과를 하는 경험이 생활 속에서 쌓이면 이후에는 갈등이 생겨도 서로 대화를 시도해 보는 모습이 생깁니다. 물론 이렇게 대화를 해도 해결되지 않는 경우에는 교사의 개입이 필요합니다. 중요한 것은 불편한 상황에 처했을 때 학생들이 회피하지 않고 대화를 통해 문제를 해결하고자 하는 힘을 기른다는 점입니다. 학생들은 마음을 표현하는 방법을 통해 자신을 보호하고 관계를 건강하게 맺는 연습을 합니다.

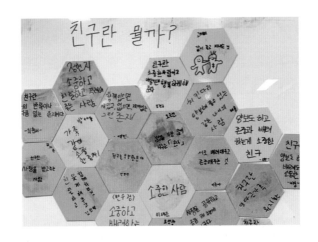

장난과 폭력 구분하기

    장난과 폭력은 구분할 줄 알아야 합니다. 장난과 폭력을 구분 짓는 가장 중요한 기준은 '모두가 즐거운가?'입니다. 모두가 즐거운 것은 장난이지만 한 명이라도 마음이 불편하면 그것은 장난이 아님을 분명하게 인지하고 있어야 합니다.

    사람들은 저마다의 경계선이 있습니다. 선을 넘었을 때 불편함을 느끼는 기준에 차이가 있음을 알아야 하고 상대방이 불편한 마음을 내비치면 즉시 자신의 말과 행동을 멈춰야 합니다.

    학급에서 일어날 만한 구체적인 상황을 제시하면서 장난인지 폭력인지를 구분하고 이유를 적어보는 활동은 학생들이 장난과 폭력의 기준을 이해하는 데 도움을 줍니다. 자신이 재미로 한 말과 행동에 상대방은 기분이 나쁠 수 있음을 알고 상대의 마음을 불편하게 하는 말이나 행동이 지속적으로 반복되었을 때는 폭력이 될 수 있음을 숙지해야 합니다.

고자질과 알리기

　고자질과 알리기는 엄연히 다르다는 것을 지도합니다. 문제 해결 능력을 기르는 과정에서 고자질과 알리기의 차이를 아는 것은 중요합니다. 고자질이 습관화된 학생들은 친구의 잘못이나 실수를 놓치지 않으려고 노력합니다. 마음에 들지 않는 친구를 흘낏 쳐다보며 "이제 혼나봐라!" 하며 의기양양한 표정을 지으며 교사에게 달려옵니다.

　고자질의 문제점은 친구를 부정적인 시선으로 쳐다봅니다. 친구가 잘못이 아닌 실수를 했을 때도 그 순간을 놓치지 않고 교사에게 달려옵니다. 고자질은 "이 친구가 혼났으면 좋겠다!"라는 마음이 내포되어 있습니다.

　유독 고자질을 많이 하는 학생들이 있습니다. 이 학생들의 경우 고자질을 모두 수용하면 문제 해결 능력을 기르기 어렵습니다. 친구가 사과를 하려고 했는데도 "너 선생님한테 말할게!" 외치며 교사에게 달려옵니다. 두 명 모두에게 상황 설명을 들어보면 상대 학생은 "사과하려고 했는데 듣지도 않고 뛰어갔어요.", "저는 사과했는데 얘가 듣지도 않고 선생님한테 말하러 간 거예요!"라고 말하며 억울함을 호소하기도 합니다. 차분하게 "○○야, ○○는 기분이 어땠어? ○○의 기분을 □□에게 말해봤어?" 하고 질문하면 선생님이 상대 학생을 바로 혼낼 줄 알았던 학생은 당황해합니다. 어른이 학생의 마음을 대변해주는 상황이 반복되면 자신의 감정과 상황을 타인이 해결해주기만을 바라게 됩니다.

물론 불편한 감정을 표현했는데 친구가 묵살한 경우, 안전, 학교폭력과 관련된 일은 교사의 개입이 필요합니다. 상황이 일회성으로 끝이 나는 것이 아니라 반복적으로 이루어질 때도 즉시 선생님에게 알려서 도움을 요청해야 합니다. 하지만 살아가며 타인과 불편한 감정이 들었을 때는 대화를 통해 문제를 해결할 수 있음도 지도합니다. 고자질과 알리기의 차이점을 알고 타인에게 자신의 불편한 감정을 전해 서로의 경계선을 조율하는 시도는 학생들의 문제 해결 능력을 기르는 데 도움이 됩니다.

고자질	알리기
친구가 혼났으면 하는 마음	친구가 걱정되는 마음
스스로 해결 가능함	어른의 도움을 받아야 함
일회성	반복성
우연한 일	의도적인 일
폭력, 안전과 관련되지 않은 일	폭력, 안전과 관련된 일

학급 회의

"선생님! 저한테 좋은 아이디어가 있어요! 주말 동안 고민하고 왔어요!"
"무슨 아이디어?"
"하루 1인 1역 교환권을 만드는 거예요! 이 쿠폰을 쓰면 하루 동안 원하
는 역할로 바꿀 수 있어요. 어때요? 이거 말고도 많이 만들어봤어요!"
"오호, 학급 회의 안건으로 내 보자."

학급에서 함께 결정하고 싶은 주제가 생길 때, 지속적인 문제 상황이
발생한다고 여겨질 때는 학급 회의를 진행합니다. 학급 회의 안건은 교사
나 학급 어린이회장에게 전달하고 우리 반 다수가 동의를 했을 때 회의를
개최합니다. 안건이 다양하게 나왔을 경우에는 표결을 한 뒤에 한 가지
주제를 정합니다.

1. 개회
지금부터 ○회 학급 회의를 시작하겠습니다.

2. 주제 토의하기
이번 학급 회의 주제는 〈　　　〉입니다. 주제에 대해 의견이 있는
분은 손을 들어 발언권을 얻은 뒤 발표해 주시기 바랍니다.

3. 추가 의견 발표하기
실천내용으로 나온 의견 가운데 추가 의견이 있는 분은 발표해
주십시오.

4. 표결하기
실천내용에 대해 투표를 하도록 하겠습니다.
투표권은 1개입니다.
(실천내용으로 나온 후보가 5개 이상 나온 경우에는 투표권을
2개, 5개 미만이 나온 경우에는 투표권을 1개 주고 있습니다.)

5. 결과 발표하기
이번 주 학급 회의 주제는 ~였고 실천내용은 ~로 정해졌습니다.

학급 회의 진행에 필요한 역할
• 사회자: 학급 어린이회장
• 칠판 기록자, 회의록 기록자

학급 회의를 할 때 사회자는 학급 어린이회장이며 회의록을 작성하는 기록자는 회차마다 다르게 뽑습니다. 학생들은 진지한 태도로 학급 회의에 참여하고 학급 공동의 문제를 함께 고민합니다. 근거를 들어 자신의 의견을 주장하고 최선의 해결책을 찾는 것을 목표로 친구들의 의견을 존중합니다. 이렇게 서로의 생각을 주고받으며 학급에서 결정된 사항은 모두가 책임감을 갖고 지키려고 노력합니다.

학급 회의에서 결정된 사항은 학급에서 바로 적용합니다. 새로 만들고 싶은 쿠폰, 점심 놀이 시간이 끝나고 몇 분까지 교실에 들어올지, 학급에 있는 피아노를 어떻게 활용할 것인지 등 여러 가지 주제를 회의를 통해 결정했습니다. 다음 회의가 열리기 전까지 실천내용으로 결정된 사항을 꾸준하게 적용하고 생활을 하다가 문제점이 발생하는 경우에는 안건을 제출한 후 학급 회의를 통해 실천내용을 수정합니다. 학급 회의는 학생들이 학급 생활을 하는 데 있어서 자신이 주체자가 됨을 경험하고 그로 인한 책임감도 지니게 해줍니다.

교실놀이

교실놀이는 교우관계를 개선하고 유대감을 기르는 데 좋습니다. 교실놀이를 처음 하는 날에는 교실놀이 연습을 합니다. 학생들에게 오늘은 교실놀이가 아닌 교실놀이 연습을 한다고 안내를 합니다.

01
교실놀이 준비하기

우선 교실놀이를 하기 전 책걸상 정리 방법부터 연습합니다. 보통 교실의 양 끝쪽으로 책상을 밀도록 안내합니다. 동그랗게 앉는 교실놀이를 할 때는 어느 정도의 간격으로 앉는지까지 구체적으로 안내합니다. 교실놀이를 하기 위해 책상을 밀면 당연히 먼지가 많이 나옵니다. 교실에서 놀이 활동을 하는 경우 학생들이 바닥에 앉거나 눕는 경우도 있어서 먼지가 별로 없을 때도 간단히 청소하고 교실놀이를 하는 편입니다. 1~2분의 시간을 주고 "교실놀이 환경 만들자!"라고 말하면 학생들은 자연스럽게 청소를 합니다. 놀이 활동을 빨리 하고 싶어서 모든 학생들이 청소를 열심히 합니다.

02
교실놀이의 목적 생각하기

교실놀이를 하기 전에는 늘 교실놀이의 목적을 생각합니다. 학습한 내용을 복습하기 위한 놀이는 공부한 내용을 다시 점검하는 목적이 있고 친교놀이의 경우에는 우리 반 친구들과 함께 협력하고 사이좋게 놀기 위함임을 상기합니다. 학생들과 함께 외칩니다.

"우리 반은 한 팀! 모두가 안전하고 즐겁게 놀자!"

교실놀이는 안전해야 하고 교실놀이가 끝났을 때 모두가 즐거워야 성공한 놀이임을 강조합니다. 실제로 놀이 활동을 하다가 친구를 비난하는 말이나 신경질적인 목소리가 나오면 놀이를 즉시 중단하고 전체 학생들과 이야기를 나눕니다.

같은 팀의 친구가 실수를 했을 때 신경질적인 목소리로 비난을 하는 경우와 격려해주는 경우 중 어떤 상황에서 그 친구가 더 잘할 수 있을지에 대한 이야기를 충분히 나누면 놀이 활동을 하다가 친구가 실수해도 "괜찮아!" 하는 말이 나옵니다. 이때를 놓치지 않고 교사가 즉시 칭찬을 해주는 상황이 반복되면 나중에는 누구든 실수해도 괜찮다며 서로를 격려해주는 아름다운 모습이 펼쳐집니다.

너와 내가 함께 반짝이는 별빛교실

03

교실놀이 설명하기

교실놀이를 한다고 하면 다들 흥분해서 목소리가 커지기 시작합니다. 하지만 놀이를 하기 위해서는 규칙을 잘 들어야 한다고 강조합니다. "놀이에서 가장 중요한 것은?" 하면 "안전과 규칙"이라고 학생들이 대답합니다. 책걸상을 한쪽으로 정리하고 바닥에 앉아 친구들과 가까이 있기 때문에 규칙을 집중해서 듣지 않는 경우가 있습니다. 그때는 "아이구, 우리 반 놀이시간이 줄어들고 있어~!" 하고 안타까운 목소리를 내면 모두의 눈이 다시 교사를 향합니다.

04

교실놀이 하기

교실놀이는 모두가 즐거워야 합니다. 보통 교사가 심판을 보게 되는데 심판의 결정에 모두 따르는 것을 먼저 약속합니다. 교사가 모든 상황을 보

지 못하기 때문에 아웃되는 경우에는 양심껏 아웃되는 것도 약속합니다.

교실놀이를 하면서 벌칙을 만드는 경우에는 걸린 학생과 나머지 학생들이 모두 웃을 수 있는 벌칙을 주고 있습니다. 스티커를 준비해서 얼굴에 점처럼 붙이거나 고무줄로 머리를 묶어주면 다들 꺄르르 하고 웃습니다. 일부러 벌칙을 받으려고 하는 학생들도 생깁니다.

(05)

교실놀이 마무리하기

항상 교실놀이가 끝나면 학생들에게 질문합니다.

"우리 반 오늘 안전하게 교실놀이를 했나요?"
"모두가 즐거운 마음으로 마무리했나요?"

두 가지 질문에 "네!"라는 대답이 나오면 우리 반 모두 정말 잘 놀았다며 서로 박수치며 마무리합니다. 반대의 경우도 있습니다. 누군가 다쳤거나 갈등 상황이 벌어진 경우에는 원인을 파악하고 반성하며 앞으로의 다짐을 하는 시간을 갖는 것이 필요합니다.

인기 폭발 교실놀이

1. 당신의 친구를 사랑하십니까

아주 간단하지만 모두가 즐겁게 놀 수 있는 교실놀이입니다. 우선 의자를 동그랗게 만들어 앉는 것이 준비 단계입니다. 이때 의자 수는 학생 수보다 한 개 적어야 합니다.

술래를 정하고 술래는 원 안에 들어갑니다. 모두가 술래에게 질문합니다. "당신은 어떤 친구를 사랑하십니까?" 술래는 친구들을 관찰하며 외칩니다. "저는 공놀이를 좋아하는 친구를 사랑합니다!" 공놀이를 좋아하는 친구들은 자리에서 일어나 자리를 바꿉니다. "저는 우리 반 친구들을 모두 사랑합니다!" 하고 외치면 모든 학생들이 자리를 바꿔야 합니다. 자리에 앉지 못한 친구는 다시 술래가 됩니다.

다양한 주제로 변경할 수 있기 때문에 활용도가 높은 놀이입니다.

2. 팡팡기차

팡팡기차는 가위바위보 기차와 유사하지만 길게 놀이할 수 있고 가위바위보에 졌던 학생들도 재참여할 수 있는 기회가 있다는 장점이 있습니다.

처음에는 가위바위보 기차와 놀이 방법이 동일합니다. 학생들은 자유롭게 돌아다니며 친구와 만나면 가위바위보를 합니다. 가위바위보에서 진 사람은 이긴 사람 뒤에 어깨를 붙이고 함께 이동합니다. 가위바위보를 하다가 비긴 경우에는 "팡!" 하고 외치며 비긴 학생 뒤에 있는 모든 학생들이 자유로워지는 것이 큰 차이점입니다. 비긴 경우 친구 기차가 팡팡 터지

기 때문에 놀이 시간을 정해줍니다.

　제한 시간 안에 가장 긴 기차를 만든 학생이 기차왕이 됩니다. 보통 교실놀이의 첫 번째 술래를 정할 때 놀이 속 작은 놀이로 자주 활용하고 있습니다.

3. 우리 반 친구 찾기
　학기 초 친구들과의 관계 맺기 활동으로 좋은 놀이입니다. 술래는 의자에 앉고 다른 학생들은 바닥에 옹기종기 모여 앉습니다. 술래는 안대를 쓰고 앞으로 나와 의자에 앉습니다. 교사는 다른 학생들 중 한 명을 뽑아 교실 뒤편에 숨게 합니다. 교실에 숨는 공간이 없다면 복도로 나가서 대기하기도 합니다.

　준비가 되었다면 술래는 안대를 벗고 눈 앞에 모여있는 친구들을 살펴보며 30초~1분의 시간 동안 없어진 친구를 찾습니다. 친구를 찾는 데 성공

했다면 술래와 친구가 서로 하이파이브 또는 악수를 하고 들어가는 놀이입니다.

4. 초능력 피구

해마다 학생들이 사랑하는 피구를 변형해서 놀 수 있습니다. 교사는 초능력 카드를 만들어 준비합니다. 아침 안내 시간에 초능력 피구를 한다고 말하고 초능력 카드를 설명합니다. 목숨이 2개인 초능력, 같은 팀을 부활시킬 수 있는 초능력, 주먹으로 공을 막을 수 있는 초능력 등 여러 가지 능력을 부여하면 피구할 때 뒷짐 지고 구경하는 학생들이 사라집니다.

아침에 미리 교실에 능력에 대한 설명을 붙여두고 학생들이 초능력 내용을 숙지하게 하면 놀이 시간을 조금 더 확보할 수 있습니다. 놀이 시간이 되면 초능력 카드를 랜덤으로 뽑습니다. 기존 피구와 규칙은 같지만 초능력을 쓰고 싶은 경우 "타임!"을 외치고 카드를 사용할 수 있는 것이 차이점입니다.

공을 던지거나 피하는 데 자신이 없는 학생들도 능력이 부여되면 자신감을 갖고 피구에 참여합니다. 놀이를 하다 보면 소리를 듣지 못하는 경우가 있어서 타임을 외칠 때면 선생님에게 들릴 정도로 큰 소리로 말하고 손동작을 하게 합니다. 타임을 외치는 학생이 있으면 교사는 호루라기를 불고 두 팀 모두 경기를 정지합니다. 교사는 초능력 카드의 능력을 말해주고 해당 학생에게 효과를 부여하며 카드를 회수합니다.

5. 한 발 술래잡기

우선 술래를 정합니다. 교사가 숫자를 외치면 술래는 숫자만큼 발을 이동할 수 있고 나머지 학생들은 숫자보다 한 칸 더 이동할 수 있습니다. 모두가 정지했을 때 술래가 터치한 학생들은 아웃됩니다. 분위기가 격양되는 것을 방지하기 위해 직접적으로 터치하는 것보다는 부드러운 펀스틱을 활용하면 감정이 상하는 일 없이 즐겁게 놀 수 있습니다.

6. 무궁화 꽃이 피었습니다.

기존 '무궁화 꽃이 피었습니다' 놀이를 살짝 변형해도 즐거운 놀이가 됩니다. 첫 번째는 가위바위보 무궁화 꽃입니다. 술래가 "무궁화 꽃이 피었습니다." 하고 뒤를 돌면서 친구들과 가위바위보를 하고 이긴 사람만 한 발 이동 가능합니다. 두 번째는 흉내 내기 무궁화 꽃입니다. 놀이를 시작하기 전에 학생들과 특정 동물을 정하고 그 동물의 움직임을 따라 하며 이동할 것을 약속합니다. 교실에서 하면 뱀, 물고기 등 엎드려서 표현하는

동물들이 나올 때 놀이에 더욱 즐겁게 참여했습니다.

7. 신문지 놀이

신문지 1장으로도 즐겁게 놀이할 수 있는 방법들이 많습니다. 신문지 위에서 혼자 또는 짝과 함께 균형을 잡아보기도 하고 음악에 맞춰서 신나게 춤을 추기도 합니다. 신문지를 작게 접어가며 균형을 잡는 모습이 귀엽습니다.

신문지 놀이를 하며 찢어진 신문지는 그냥 버리지 않고 더 작게 잘라서 뭉칩니다. 가운데 책상을 한 줄로 정렬시키면 신문지 눈싸움을 할 수 있습니다. 주어진 시간 동안 신문지를 반대쪽 공간으로 많이 던진 팀이 점수를 얻는 놀이입니다. 신나게 신문지 공을 던지다 보면 결국 이기고 지는 것은 중요하지 않게 됩니다. 모두가 즐거운 눈싸움 놀이입니다.

게임이 끝나면 교실은 아수라장이 되지만 신문지를 빠르게 뭉치는 팀에게 점수를 1점 더 주겠다는 말에 순식간에 교실이 깨끗하게 정리됩니다.

8. 좀비 놀이

좀비 놀이는 흐린 날씨에 하면 더욱 재미있습니다. 우선 술래를 정합니다. 술래는 좀비가 됩니다. 술래는 안대를 쓰고 주어진 시간 동안 우리 반의 절반 이상을 좀비로 만들면 승리합니다. 저승 구역을 만들고 좀비에게 잡히면 스스로 저승으로 갑니다.

좀비는 펀스틱을 활용해서 친구들을 잡습니다. 펀스틱은 안전한 재질에 맞아도 아프지 않아서 달리기, 술래놀이 등의 놀이를 할 때도 사용합니다. 길이가 짧지 않아 멀리에서도 볼 수 있어서 좋고 시각적으로 눈에 잘 띈다는 장점이 있습니다.

안대를 활용하는 교실놀이는 늘 인기가 많지만 위험할 수 있으니 안전사고를 예방하기 위해 좀비 안내자도 지정합니다. 안내자는 좀비와 팔짱을 끼고 위험 구역을 옆에서 말해줍니다. 좀비가 안대를 끼면 10초 동안 교실 구석구석으로 숨습니다. 주어진 시간 동안 친구들을 잡는데 좀비가 가까워질 때마다 다들 눈이 동그래지며 숨을 참습니다. 여기저기서 키득거리는 소리가 들립니다.

주어진 시간이 끝나면 좀비는 안대를 벗어 잡힌 친구들을 확인합니다. "나 여기 있었는데~", "나 아까 진짜 잡힐 뻔했다?" 하며 다들 술래에게 다가갑니다. 좀비 친구를 도왔던 안내자는 다음 좀비가 됩니다.

9. 만들기 활동

가장 간단하면서도 시간 가는 줄 모르고 친구들과 협력하여 만드는 시간입니다. 카프라, 컵, 블록 등 만들기 재료는 상관 없습니다. 교실을 깨끗하게 정리하고 가져온 재료들을 바닥에 부어버립니다. 바닥에 쏟는 것만으로도 자유로운 분위기가 형성됩니다. 이후는 학생들의 상상력에 맡깁니다.

다만 학생들의 사고력 확장을 위해 만들기 활동의 예시를 다양하게 보여주고 시작하면 더욱 창의적인 결과물들이 나옵니다. 간단한 물건 모양만 만들던 학생들이 예시를 보여주면 재료로 공간을 만들기 시작합니다. '어떤 모양을 만드려나?' 궁금해하며 학생들을 바라봅니다.

처음에는 혼자 만들었던 학생도 나중에는 삼삼오오 모여서 거대한 조형물을 만들기 위해 협력합니다. 다들 거대한 조형물을 만들기 위해 바쁩니다. 한 명의 실수로 무너져도 괜찮다고 다독여주는 모습은 저조차도 감동이었습니다. 자신들의 키보다 큰 조형물을 만든 뒤 "선생님! 저희 사진 찍어주세요!" 하며 추억을 남깁니다.

학부모와의 관계

    교사는 학생과의 관계, 학부모와의 관계, 동료 교사와의 관계, 관리자와의 관계 등 많은 관계를 맺으며 생활합니다. 그중 학부모와의 관계에 대해 이야기해보려 합니다. 쉽게 느껴지다가도 어렵게 느껴지는 관계입니다.

"아이가 아파서 결석했는데 왜 오후에 괜찮냐고 전화를 안 해요? 아침에 연락을 했어도 그렇지, 걱정이 되면 오후에 연락을 해야죠. 앞으로 교직생활하면서 그러지 마세요."

"우리 아이가 아무리 다른 학생 목을 졸라도 선생님 반이라면 무조건 우리 아이 편을 들어줘야 되는 거 아니에요? 내일 당장 교장실 갈거예요!"

"마이크에 우리 아이 얼굴이 가려졌잖아요. 사진을 찍어서 보내줄 거면 좀 잘 찍든가요."

"한글은 알아서 배우겠죠. 무슨 방과 후에 남겨서 공부를 시킨다고 애한테 스트레스 줘요?"

    길지 않은 교직 생활에 들었던 학부모의 말들 중 일부분입니다. 학생들을 위한다고 했던 행동들이 이런 반응으로 돌아오니 회의감이 들 때도 있었습니다. 하지만 담임교사를 지지해주고 응원해주는 학부모들로 힘을 얻는 순간들도 많습니다. 교육 활동을 하는 데 있어서 교사와 학부모는 학생의 성장을 돕는 협력자가 되어야 합니다. 교사와 학부모에게는 학생이 바르게 성장하고 즐거운 학교생활을 했으면 하는 공동의 목표가 있습니다. 학부모와 신뢰를 쌓으며 관계를 다져두면 교육 활동은 더욱 쉬워집니다. 학부모와의 관계를 쌓았던 방법들을 소개합니다.

01
개학 첫 편지

앞서 소개해드렸던 개학 날 학부모에게 보내는 편지입니다. 편지는 학부모에게 교사의 첫인상을 심어줄 수 있는 매개체가 됩니다. 개학 날 교사의 교육 철학과 우리 반 특색 활동을 담아 보내는 것을 추천드립니다. 우리 아이와 함께하게 될 선생님이 어떤 분일지 궁금해하던 학부모는 편지를 읽으면서 선생님을 파악할 수 있고 앞으로의 교육 활동을 전반적으로 훑어볼 수 있습니다.

02
학급 어플 활용

학급 어플은 학급에서 이루어진 교육 활동을 공유하는 '앨범' 기능을 많이 사용합니다. 대부분의 학부모들은 자녀의 학교생활을 궁금해합니다. 공개수업, 학부모 상담 주간에 학급 활동을 엿볼 수는 있지만 일상생활에서 이루어지는 학급 생활을 보기는 쉽지 않기에 학급 어플에 교육 활동 모

...교의 반으로 이유어 주네는거 같아서 정...
...에 은나온 친구들의 작품.. 잘 감상하고
...에 선상한 선생님의 성격이 올...
...무 좋아뿅 :)

남은 5학년 생활
...상 선영 써주시고 최고의 오습어 김동에
항상 최어넝요

[redacted] 부모 쌤 일년동안 넘 고생많으셨어요
아이들에게도 부모님들에게도 기억나는 한해 남겨주신거 감사드려요'
2021년 12월 29일 답글 빛내기 취소 ♡ 4

[redacted] 부모 엄주란선생님♡

5학년3반친구들에겐..
2021년도 한해가 정말뜻깊고 좋은추억으로남았을듯싶네요^^
모든곳이..선생님의관심과
꼼꼼함이묻어나는것같아요~

한해 동안 정말고생많으셨고..
감사했어요♡♡

어디서든 빛나는 5학년3반
친구들이되길바라봅니다👍
2021년 12월 29일 답글 빛내기 취소 ♡ 5

습을 공유하고 있습니다. 업무가 되어버리면 부담이 될 것 같아 제목과 활동을 안내하는 설명은 1문장 정도로 짧게 적어서 어플에 탑재하고 있습니다.

  학급 활동 사진들은 학생들과 학부모가 학교생활에 대한 이야기를 나누는 데 도움이 되기도 하고 궁금했던 학교생활을 구체적으로 확인하며 선생님에 대한 신뢰도를 높이는 데 도움을 줍니다. 학부모는 어플에 올라오는 사진들을 보며 담임선생님이 교육 활동에 열정적으로 참여하고 세심하게 살펴본다는 점을 느낍니다. 게시물에 댓글을 달며 학급 생활에 함께 참여하기도 합니다.

  가정에서 함께 지도가 필요한 사항도 학급 어플에 게시합니다. 학부모들은 교사의 글에 댓글을 달며 교육 공동체의 역할을 실감합니다. 학급 어플을 통해 평소에 소통해두면 학부모와 실제로 만나거나 연락을 할 때 조금은 편하게 연락을 취할 수 있습니다.

학부모 상담

학부모 상담 주간

대체적으로 학교에서는 1학기에 1번, 2학기에 1번, 총 2번의 학부모 상담 주간을 갖습니다. 학부모 상담 주간에 이루어지는 상담은 방문 상담과 전화 상담으로 나뉩니다. 대화 내용은 비슷하게 이루어지지만 방문 상담의 경우 교실 환경을 신경 쓰는 편입니다.

방문 상담 환경 구성

1. 교실은 깨끗하게 정돈하기

상담을 위해 거창하게 환경 구성을 하지는 않지만 깔끔한 분위기를 느낄 수 있도록 정돈하고 있습니다. 대부분의 학부모들이 학년 초 학부모 상담 주간에 처음 교실을 방문하게 됩니다. 교실 문을 열었을 때 정돈된 모습을 보면 교사에 대한 신뢰도가 높아질 수 있습니다. 3월 초에 학부모 상담이 이루어질 때는 교실 뒤편 게시판도 빈칸으로 두지 않고 학생들의 작품을 게시해둡니다. 작품에 대한 이야기를 나누면서 대화의 소재가 되기도 하고 분위기를 푸는 데 도움이 됩니다.

2. 자녀의 자리에 앉도록 안내하기

방문 상담의 경우 처음 교실에 들어설 때는 다들 긴장한 얼굴로 들어옵니다. 반갑게 인사하며 자녀의 자리로 안내를 하면 그제서야 웃음꽃이 핍니다. 자녀의 자리는 학부모의 긴장을 풀고 분위기를 편안하게 하는 데 도움이 됩니다. 자녀의 자리와 교사의 자리는 마주 보고 앉을 수 있도록 책상을 돌려놓고 자녀의 자리 위에는 학생의 학습결과물 등 상담에 필요한 자료들을 미리 준비합니다.

학부모 상담 주간 내용

학부모 상담은 수시로 이루어지지만 상담 주간에는 일부러 많은 이야기를 나눕니다. 상담을 마무리할 때면 이렇게 자세하게 학교생활을 들을 수 있을 줄 생각하지 못했다며 감사하다는 인사를 자주 받습니다. 교육전문가로서의 모습을 본 학부모는 교사를 신뢰하고 이후 교육활동을 하는 데 있어서 아낌없는 지지를 보냅니다.

전화 상담 시나리오

1. 첫인사

처음 인사를 할 때는 누구인지 밝히고 상담차 연락을 취했다고 말씀을 드립니다. 학급 어플을 잘 확인하는 학부모, 알림장에 매일 서명을 남기는 학부모, 가정통신문을 제때 제출하는 학부모 등 사전에 파악을 해 놓았다가 인사를 하며 언급하면 분위기가 한결 풀어집니다.

"안녕하세요~ ○○ 담임교사입니다. ○○ 상담으로 연락드렸습니다. 반갑습니다~"
"매일 알림장을 잘 확인해주셔서 ○○가 학습 준비를 꼼꼼하게 할 수 있어 감사하게 생각하고 있었습니다~"

2. 학습 성취수준

1학기 상담인 경우 듣는 상담으로 진행합니다. 1학년 담임교사는 한글

너와 내가 함께 반짝이는 별빛교실

과 수학 수준에 대해 학부모에게 질문을 하며 파악합니다. 한글을 아예 모르는 경우부터 간단한 받침까지 쓸 수 있는 학생 등 수준 차이가 꽤 커서 상담 주간에 파악해 놓으면 좋습니다. 2학년부터는 3월 초에 이루어지는 기초학력평가를 바탕으로 학부모와 이야기를 나눕니다.

"기초진단평가 결과는 ( )입니다. 수업 시간에 관찰해보면 국어 수업 때는 ( ) 모습이 돋보였고 수학 교과에서는 ( ) 문제 해결을 하고 있습니다. 문제 해결 속도는 ( )하며 ( ) 노력이 더해진다면 더욱 좋을 것이라 생각합니다."

3월이지만 간단하게라도 학생의 모습을 관찰해서 학부모에게 전달하면 교사의 신뢰도를 높일 수 있습니다. 학생들을 파악하기에 짧은 기간이었음에도 불구하고 교사가 학생들을 세심하게 관찰하고 있다는 느낌을 줄 수 있습니다. 관찰한 내용을 간단하게 이야기한 뒤에는 학부모에게 궁금한 점을 질문합니다.

(질문) 학교 외에서는 ○○의 학습을 위해 어떤 활동들을 하고 있나요?
(질문) ○○가 수학에서 특히 어려워하는 부분이 있나요?
이처럼 학습 부분에 대해서는 1학기에는 기초학력진단평가의 결과로 이야기를 시작하고 교과별로 상담할 내용이 있는 부분을 언급합니다. 2학기에는 전반적인 학습 수준에 대해 이야기합니다. 수업 준비, 수업 태도, 발표 참여도 등에 대해서도 상담을 진행합니다.

3. 기본생활습관 및 교우관계
사실 기본생활습관이나 교우관계 등 학생의 생활 부분에 대해 상담을 진행할 때는 칭찬으로 시작합니다. 자녀에 대해 칭찬하는 말을 싫어하는 학부모는 없습니다. 학부모와 상담을 할 때는 학생을 아끼고 예뻐하는 마음을 온전히 드러냅니다. 그 후 학교생활을 하는 데 학부모와 상담해야 하는 부분이 있다면 질문으로 이야기를 엽니다.

"혹시 ○○가 학교생활을 하는 데 걱정이 되는 부분이 있으신가요?"
"이전에 교우관계로 문제가 있었던 일이 있나요?"
"제가 ○○를 지도하는 데 있어서 알아야 하는 부분이 있을까요?"
대부분 자녀의 부족한 점은 학부모가 더 잘 알고 있기 때문에 학부모의 입에서 먼저 말이 나오도록 유도하는 편입니다. 칭찬으로 분위기가 풀어지고 선생님이 자녀를 애정 어린 시선으로 보고 있음을 느끼면 분위기가 날이 서지 않은 채 대화가 이어집니다.

전 교직원이 학생의 이름을 알 정도로 문제 행동이 많았던 학생을 만난 적이 있습니다. 첫 학부모 상담 때 굉장히 딱딱한 표정으로 왔던 모습이 기억이 납니다. 학부모와 대화를 나눠보니 늘상 자녀로 인해서 상담을 자주 했는데 자녀로 인해 죄송한 마음이 들다가도 나중에는 괜히 담임선생님이 우리 아이만 안 좋게 보는 것 같았고 점점 억울한 마음이 커져서 속상했던 일이 올해도 반복될까봐 걱정됐다고 합니다.

보통 학부모는 자녀의 어려운 점, 고쳐야 하는 점 등을 미리 알고 있습니다. 학부모의 마음을 이해하며 대화를 유도하다 학부모가 먼저 자녀의 문제 행동에 대해 이야기를 하기 시작하면 그때부터 "그랬군요~ 안 그래도 이번에 학급에서 이런 행동을 보이더라구요." 하고 상담을 이어갑니다. 학생의 행동을 객관적이면서 구체적으로 이야기하고 잘못된 행동에 대해서는 평가의 말은 하지 않습니다.

"○○가 친구에게 이야기를 할 때 '야, 너는 생각이 없냐?', '넌 말을 못 알아들어?'라고 말해서 상대 학생이 제게 고민 상담을 한 적이 있었어요. 잘못된 부분에 대해 ○○도 인지하고 있고 스스로 사과하는 모습이 기특했지만 다른 학생에게도 비슷한 말을 해서 친구들과의 사이가 멀어질까 봐 염려가 되네요. 친구에게 친절하게 말하려고 노력하는 모습이 보이지만 아직 어려움이 있네요. 혹시 이전에도 비슷한 일들이 있었나요? 이러한 모습이 보일 때 가정에서는 어떻게 지도하고 있나요?"

교사와 학부모는 학생의 성장을 위해 노력하는 협력자임을 강조하며 부드러운 말투로 이야기를 하려고 합니다. 학부모에게 학생의 문제 행동에 대한 이야기들을 더욱 구체적으로 들을 수 있습니다. 자녀의 걱정되는 부분들을 대체로 부모님이 더욱 정확하게 파악하고 있기 때문에 학생을 비난하는 목적이 아닌 함께 도울 수 있는 조력자로서 다가가면 학부모의 마음을 열기 쉽습니다.

4. 상담 마무리

상담을 마무리할 때는 혹시 질문이나 교실에서 주의 깊게 봐줬으면 하는 부분이 있는지에 대해 물어보고 학생이 바르게 성장할 수 있도록 문제 상황이 생기면 편하게 연락하자고 이야기합니다. 이렇게 약속을 하고 나면 다음에 상담으로 연락을 할 때 한결 분위기가 편합니다.

"혹시 ○○ 학교생활에 관련해서 궁금하신 점이 더 있나요? ○○의 학교생활에 대해 궁금하신 점이나 ○○가 어려운 상황에 처해 있다면 언제든 연락주세요~ 저도 상담할 일이 생기면 편하게 연락드리겠습니다. 감사합니다."

수시 상담

학생에게 칭찬할 일이 있는 경우 학부모에게 연락을 취할 때가 있습니다. 선생님 연락이 오길래 긴장했다고 하면서 자녀를 칭찬하는 내용을 듣고 정말 감사해합니다. 교사가 학부모에게 연락을 하는 경우는 대부분 문제 행동이 있거나 상담이 필요한 경우이기 때문에 이렇게 학부모와 미리 관계를 다져놓으면 추후 상담이 필요한 상황에서도 편하게 대화를 나눌 수 있습니다.

사실 방어적으로 나오는 학부모도 있습니다. 학생의 성장에 필요한 부분으로 연락을 취한 건데 방어적이고 신경질적인 태도가 느껴지면 학생에게 문제 상황이 보여서 가정의 도움이 필요한 상황인데도 불구하고 연락을 하고 싶지 않기도 합니다. 하지만 학생을 위해 가정에서 알아야 하는 부분이 있으면 꼭 연락을 하는 편입니다.

이런 경우에는 학부모에게 우리는 자녀의 성장을 돕는 한편임을 느낄 수 있도록 대화를 나눕니다. 학생의 행동에 대해 상담을 할 때는 지적하는 말이 아닌 염려되는 마음을 먼저 표현합니다. 학생의 행동을 전달할 때는 평가의 말을 지양하면서 있었던 일을 구체적으로, 담백하게 전달합니다.

"○○가 1교시 끝나고 쉬는 시간에 이런 행동을 했습니다. 저는 ○○의 마음을 알지만 친구들은 불편해 해서 이런 행동이 반복되었을 때 친구들과의 관계가 걱정이 되네요. ○○가 바르게 성장할 수 있도록 제가 함께 돕겠습니다."

작은 부분이지만 결국 작은 말들이 쌓여 마음이 전달되고 학부모와의 상담이 수월하게 이루어집니다.

학급 어플

  개학하기 전에 학급 어플을 개설하고 1년 동안 학급 어플을 활용하고 있습니다. 학급 어플은 우리 반 소통의 장입니다. 안내 사항을 학급 어플을 통해 알리기도 하고 학급 생활 모습을 게시하면서 학생들과 함께 추억을 공유합니다. 수업 매체로 활용할 때도 있습니다. 글쓰기에 대한 부담감을 줄일 수 있고 타자에 익숙한 학생들은 댓글로 활발하게 서로 소통합니다. 자연스럽게 선플 교육도 병행할 수 있습니다. 학생뿐만 아니라 학부모와의 상호작용도 이루어집니다. 학부모는 학급 어플을 수시로 확인하고 함께 댓글을 달기도 하면서 학급 구성원으로서 참여합니다.

01
준비

1. 학급 SNS 개설

  새 학기가 시작되기 전에 교사는 학급에서 어떤 어플을 활용할지 결정합니다. 여러 가지 어플을 사용해보고 가장 잘 맞는 어플을 사용하기를 권유합니다. 저는 하이클래스 어플이 가장 편해서 하이클래스를 활용하고 있습니다. 하이클래스는 문자, 전화(녹음) 기능이 되고 핸드폰으로 사진을 올리는 데 임시저장이 가능한 점, 학생도 글을 작성할 수 있다는 점 등의 장점이 있습니다. 이처럼 학급 어플을 결정했다면 학급 SNS를 개설합니다. 연도와 학급을 표시해두면 기억하기 쉽습니다.

2. 학급 어플 활용에 대한 개인정보 제공 동의서 받기

학급 어플을 개설했다면 3월에 학급 어플 활용을 위한 안내서와 함께 개인정보 제공 동의서를 받습니다. 학생 사진을 앨범에 공유하는 경우에는 개인정보 제공 동의서를 꼭 받아야 합니다. 개인정보 제공 동의서가 모두 수합된 뒤부터 앨범에 학생들 사진을 탑재하고 있습니다.

3. 구성원 초대하기

3월 초에 학부모 전체와 학생들을 초대합니다. 핸드폰이 없는 학생의 경우 학부모의 계정으로 함께 볼 수 있어서 3월 2주까지는 우리 반 학부모 전체가 가입하도록 계속해서 안내합니다. 최대한 빨리 모든 구성원이 가입할 수 있도록 독려합니다.

하이클래스(학급 어플) 기능

1. 학급 앨범

학급에서 이루어진 교육 활동을 앨범 기능을 통해 공유하고 있습니다. 활동 결과물을 기록하는 동시에 학생과 학부모의 소통 창구로 활용됩니다. 학생들은 사진을 보며 학급에서 하고 있는 활동들을 다시 떠올려 봅니다. 친구들의 학습 결과물을 보며 서로 영향을 주고받기도 합니다. 학급 앨범에 사진이 올라갔다는 알람이 뜨자마자 확인을 하고 함께하며 즐거웠던 순간의 사진들을 저장해서 소중하게 간직하는 학생들도 있습니다.

학부모님과 상담을 하다 보면 늘 "선생님, 우리 아이의 학교생활이 정말 궁금했는데 학급 앨범을 통해 어떻게 지내는지 잘 알게 됐어요. 정말 감사합니다."라는 인사를 받습니다. 학부모는 상담만으로는 잘 그려지지 않는 자녀의 학교생활 모습을 사진을 통해 확인할 수 있습니다. 어플에 탑재한 사진들은 학생과 학부모 사이에 대화 소재가 되기도 하고 '우리 선생님은 아이들을 위해 정말 많이 노력하셔!' 하며 학부모의 신뢰를 높일 수 있습니다.

선플 달기 교육 전에는 댓글 권한을 막아 놓습니다. 학생들에게 선플 교육 이후 태블릿, 컴퓨터 등을 활용해 선플 남기기 연습을 하고 너희들을 믿는다며 학생들의 다짐을 받은 이후에는 댓글 권한을 열어줍니다. 이때부터는 학생들이 댓글을 남길 때 고민하며 친구들과 우리 반에게 좋은 댓글을 남기기 위해 노력합니다. 다음 날 아침에 선플을 잘 남긴 학생들을 칭찬하면 학생들의 선플이 점차 더 많아집니다. 학생들은 어플을 통해 서로 소통하고 긍정적인 관계를 다집니다. 사진에 어떤 댓글이 달렸을지, 자신이 쓴 게시글에 누가 어떤 글을 썼을지 궁금해서 교사가 말하지 않아도 학급 어플을 잘 활용하게 되는 건 덤입니다.

2. 자유게시판
처음에는 자유게시판을 닫아놓습니다. 자유게시판은 학생들의 과제 제출용으로 활용합니다. 하이클래스 어플에 과제 탭이 따로 있기는 하지만 과제 탭은 교사만 볼 수 있어서 자유게시판을 과제 제출용으로 사용하고 있습니다.

보통 국어 시간 매체를 활용해 글을 쓸 때 자유게시판에 올리도록 지도합니다. 글의 양을 자유롭게 올릴 수 있고 실제로 손 글씨보다 타자로 글을 작성하는 데 더 익숙한 학생들이 부담스러워하지 않고 즐거워하는 모습을 볼 수 있습니다.

학생들이 서로 댓글을 남길 수 있다는 점도 장점입니다. 글을 쓰는 동시에 띄어쓰기와 맞춤법 확인을 하며 빠르게 교정이 가능하고 글쓰기 활동에서 속도 차이가 있어도 이미 완료된 학생들끼리 서로 글을 읽고 댓글을 남길 수 있습니다.

3. 알림장
자신의 일을 스스로 챙기는 습관을 길러주기 위해 매일 알림장을 쓰고 하교합니다. 하지만 긴급한 안내 사항이 있거나 안내 사항을 강조할 때는 알림장 기능을 활용합니다. 학생들이 아니라 부모님에게만 전달하는 내용을 작성할 때도 유용합니다. 학급 구성원 중 누가 읽고, 읽지 않았는지를 확인할 수 있고 알림장 내용을 미확인한 학부모나 학생들에게 알림을 보낼 수 있습니다.

4. 연락 기능
하이클래스 어플에는 연락 기능이 있습니다. 교육 전용 어플이 나오기 전 제가 신규 교사일 때까지만 해도 교사의 개인번호를 공개하는 것은 자연스러운 일이었습니다. 개인 번호를 공개하다 보니 새벽 6시에 오늘 학생이 결석한다는 전화, 밤 11시에 방과후 학교 등록할 수 있냐는 전화, 저녁 8시 30분에 부재중 8통이 찍혀 있어서 학생에게 무슨 일이 생겼나 깜짝 놀라서 전화해 보니 준비물 확인 전화 등 밤낮, 주말 가릴 것 없이 계속해서 사소한 연락을 받았습니다. 직장에서 받는 스트레스를 제게 전화해서 해소하기도 하고 가정에서 있었던 일들을 고자질하며 스피커폰이라고 자녀를 혼내주라는 연락도 빈번했습니다. 학부모, 학생들의 온라인 게임 초대 문자를 일상적으로 받거나 담임선생님의 카톡 사진이 캡처되어 돌아다니는 일이 허다해서 카톡 프로필 사진마저 고민해야 하던 때가 있었습니다. 동료 선생님들이 개인용 핸드폰, 업무용 핸드폰을 따로 들고 다니거나 번호를 2개 사용하고 있어서 고민하던 차에 연락 기능이 있는 어플이 생겼다는 소식에 정말 좋아했던 기억이 납니다.

학급 어플로 교사의 개인 정보를 공개하지 않고도 문자와 전화를 할 수 있고 상담시간을 설정해 놓을 수 있습니다. 번호만 공개하지 않을 뿐, 전화나 문자를 할 수 있다는 점은 동일합니다. 녹음 기능도 있어서 휴대폰에 녹음 기능이 없어도 편리하게 사용할 수 있습니다.

방해 금지 시간 설정이 가능한 것도 큰 장점입니다. 연락 기능에서 상담 가능한 시간을 교사가 설정할 수 있습니다. 저는 평일 8:20부터 16:30까지 연락 가능 시간으로 설정해 놓습니다. 방해 금지 시간 외에 오는 학생 및 학부모의 연락은 받을 수 있지만 핸드폰 알림은 뜨지 않아 시도 때도 없이 알림이 울리는 상황을 방지할 수 있습니다.

학급 어플 활용 예시

1. 명예의 전당(공책 정리 방법 공유)

배움공책을 작성하는 날에는 매일 빠짐없이 검사한 뒤에 명예의 전당이라는 제목으로 공책 정리가 잘된 공책들을 사진으로 찍어서 올려줍니다. 학생들은 친구들의 공책 정리 방법을 살펴보며 자신의 공책 정리에 참고합니다. 명예의 전당에 자신의 공책이 탑

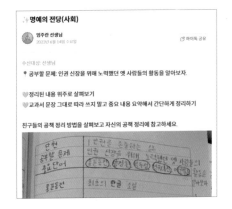

재된 학생들은 자부심과 성취감을 느끼면서 더 열심히 하려고 노력하고, 어플에 탑재되지 않은 학생들은 자신의 정리 방법을 되돌아보며 친구들의 공책에서 배울 점을 찾아냅니다.

2. 책 추천

어플을 활용해서 모둠별로 돌아가며 책을 추천하는 활동을 할 수 있습니다. 한 주에 한 모둠씩 당번을 정하면 담당 모둠이 이번 주 추천 책을 선정해서 사진을 찍고 어플에 올리며 친구들과 공유합니다. 별빛도서부도 마찬가지입니다. 별빛도서부는 이번 달 학급 독서 행사와 추천 책들을 학급 어플에 탑재합니다. 달마다 별빛도서부의 행사가 정해지는 시점이 다르기 때문에 학생들은 별빛도서부가 어플에 올린 학급 독서 행사를 보며 내용을 확인하고 독서 행사에 참여합니다.

3. 수업 시간 활용

글을 쓰는 활동을 할 때는 속도 차이가 있기 마련입니다. 모두가 발표하는 경우를 제외하면 수업 시간 내에 다른 친구들의 글을 모두 보기 어려워 교실의 뒷게시판에 게시해서 공유하고는 합니다.

학급 어플을 활용하면 이런 아쉬움을 달랠 수 있습니다. 글을 쓰는 속도가 차이 나도 실시간으로 올라오는 글을 읽으며 기다림 없이 활동이 가능합니다. 비슷한 속도로 글을 쓰는 친구들의 글을 읽을 수 있고 실시간으로 댓글을 달며 피드백할 수 있습니다. 맞춤법, 띄어쓰기 검사를 통해서 자신의 글을 스스로 점검할 수 있다는 점도 장점입니다.

학교에서 이루어진 교육 활동을 교실 밖까지 연결 지어 함께 살펴볼 수도 있습니다. 예를 들어 실과 시간에 공간 정리하기를 배울 때 방 사진을

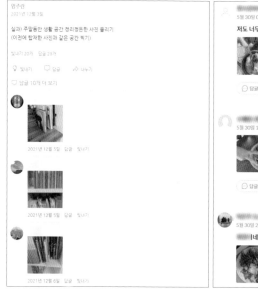

찍어서 댓글 달기를 숙제로 냈습니다. 자신의 방 정리 전 사진과 정리 후 사진을 찍어 댓글로 올렸고 교사는 두 사진을 정리해서 수업자료로 활용했습니다. 학교 텃밭에서 기른 채소들을 수확했을 때도 김치 만들기를 했을 때도 집에서 맛있게 먹은 사진을 찍어서 친구들과 공유했습니다. 입을 크게 벌려서 맛있게 먹는 모습, 부모님과 함께 먹는 모습 등 실내복 차림으로 집에서 편하게 먹고 있는 사진들을 보며 모두 즐거워했습니다.

환경 프로젝트를 할 때는 자신이 한 일들을 인증샷으로 올릴 수 있는 게시판을 만들었습니다. 정해진 기간이 끝난 뒤에는 자신이 생활 속에서 실천한 환경 보호 방법들을 발표했습니다. 친구와 함께 주말에 만나서 식당에 갔는데 그릇을 싹싹 비우며 음식물 쓰레기를 남기지 않았다는 학생, 샤워 시간을 줄였다며 타이머를 찍은 학생, 친구들과 주말에 만나 우리 마을 쓰레기들을 주운 학생 등 환경 보호를 위해 노력한 모습들을 생생하게 볼 수 있었습니다. 학교에서의 배움이 생활로 연결될 때의 즐거움이 있는데 학급 어플을 교육의 수단으로 활용할 수 있습니다.

수업 시간에 찍었던 활동 사진을 탑재하며 기억에 남았던 부분을 댓글로 달아보게 하면 자연스럽게 복습을 할 수도 있습니다. 학생들은 학급 활동에 대한 댓글을 남기며 오늘 했던 활동들을 되돌아봅니다. 친구가 쓴 글을 참고하며 글을 써도 좋습니다. 친구의 댓글은 복습의 일부분이 됩니다.

4. 사진 미션

현장체험학습이나 학급 활동을 하면서 모둠 사진 미션이 있을 때도 학급 어플을 활용합니다. 학생들이 직접 찍은 사진들은 정말 매력적입니다. 수평이 맞지 않고 초점이 나갈 때도 많지만 편안한 포즈와 개구진 표정을 살펴보면 즐거움이 가득합니다. 문자로 받을 때는 교사가 수합해서 보여

주기까지 번거로운 과정이 있었는데 어플을 활용하니 학생들이 사진을 탑재하면 모두가 실시간으로 사진을 공유할 수 있고 댓글과 반응을 쉽게 남길수 있어서 편리합니다.

안전 지도

교실에서 안전사고가 일어나지 않으면 가장 좋겠지만 작고 큰 안전사고는 늘상 생기는 일입니다. 교실에서 안전사고가 일어나면 당황스러우면서도 위축되기도 합니다. 저 또한 안전사고로 인해 힘들었던 경험이 있습니다.

1학년 통합 시간이었습니다. 딱지를 만들어 딱지놀이를 하는 시간이었는데 딱지치기를 하다가 한 명이 친구의 팔 위로 넘어지면서 해당 학생의 팔이 골절되는 사건이 있었습니다. 피해 학생 측에서는 선생님이 놀라셨겠다면서 오히려 위로의 말을 건네주었지만 넘어진 학생의 학부모 측에서 욕설을 하며 학교에 계속 전화를 하고 사고가 일어난 지 1년이 지났는데도 학교에서 일어난 일이기 때문에 책임지라며 구상권 청구를 했습니다. 정말 감사하게도 교장선생님과 교감선생님께서 적극적으로 도와주셔서 문제를 해결했지만 그런 일을 겪으면서 교육과정에 나온 활동일지라도 교실에서 활동적인 수업을 계획하는데 멈칫하는 순간들이 생겼습니다.

안전사고가 일어나지 않도록 사전에 안전에 대해 늘 강조하고 있습니다. 교실 내에서 작은 부분들까지도 신경을 쓰며 안전사고를 예방하려고 합니다.

1. 가위를 사용하기 전에는 항상 안전에 주의하여 사용하기
2. 가방에 걸리는 일을 방지하기 위해 등교하면 가방 지퍼 닫기
3. 과학 실험 수업, 현장체험학습, 방학 등 안전 사고가 발생할 수 있는 경우에는 안전 교육을 필수로 하기
4. 체육 수업 전에는 준비운동을 필수로 하기
5. 교실 속에서 튀어나온 부분이 있다면 보호캡 사서 붙이기
6. 교실, 복도에서 뛰어다니지 않기
7. 친구 얼굴이나 신체 건들지 않기

안전사고가 발생하지 않도록 사전에 주의를 기울이고 안전사고가 일어나지 않는 것이 가장 좋지만 그럼에도 불구하고 안전사고가 일어나는 경우 다음의 단계를 따르고 있습니다.

1. 침착하게 대응하기

교사가 당황하는 모습을 보이면 학생들은 불안해지고 다친 학생은 더욱 겁을 먹습니다. 침착한 목소리와 표정으로 사고에 대응합니다. 다친 학생을 제외한 모든 학생들을 현장에서 멀어지게 하고 자신의 자리로 돌아가도록 합니다. 외상이 있는 경우에는 학급에 배치된 구급상자로 응급처치를 하고 보건실에 데려가거나 큰 부상인 경우 즉시 보건실로 향합니다. 다친 학생과 함께 보건실에 가는 경우 학생들이 해야 할 일을 안내하고 옆반 선생님에게도 보건실에 간다고 말하며 교실에 남아 있는 학생들을 부탁합니다.

2. 병원에 가는 경우 학부모에게 즉시 연락하기

병원에 가야 하는 경우에는 학부모에게 즉시 연락을 취합니다. 어떤 상

황이었는지에 대해 전달할 수 있도록 내용을 짧게라도 정리해서 연락을 취하면 좋습니다. 자녀가 평소에 다니는 병원이 있는지 확인하고 긴급하게 이동하는 경우에는 향하는 병원명을 안내합니다. 학부모와 연락할 때는 예상하는 병원 도착시간, 이동수단, 학생과 동행하고 있는 보호자에 대한 정보도 말씀드립니다.

3. 학생들에게 안내하기

다친 학생이 병원에 가게 되는 경우 보통 보건선생님이 인솔하게 됩니다. 보건선생님과 학생이 병원에 가면 담임교사는 교실에 돌아와서 학생들에게 상황을 객관적으로 전달합니다. 차분하게 전달하되 사고의 원인과 해결 방법에 대해서 이야기를 나눕니다. 추후 비슷한 상황이 발생하는 것을 방지할 수 있습니다.

4. 사후 처리하기

학년 부장 및 관리자에게 안전사고에 관련된 내용을 보고합니다. 이후 병원에 도착한 보건선생님에게 학생에 대한 내용을 전달받고 학부모에게 연락을 취합니다. 학교안전공제회에 치료비를 청구할 수 있음을 전달하고 학부모가 희망하는 경우에는 학교안전공제회에 치료비를 신청합니다. 사건의 개요 및 사후 처리에 대해 구체적으로 작성해 놓는 것이 필요하고 학생이 괜찮아질 때까지 틈틈이 학부모와 연락을 취하는 편입니다.

에필로그

　교사는 참 매력적인 직업입니다. 제 삶의 모든 부분이 교육과 연결됩니다. 제 이야기는 모두 교육 소재로 이어지고 학생들에게 고스란히 영향을 주기에 제 삶을 채우는 일을 더욱 좋아하게 되었습니다. 교사라는 직업은 배울 것이 많은 세상에서 삶의 색깔을 다채롭게 채워주고 저를 더 나은 사람으로 만들어 주었습니다.

　반짝이는 학생들의 모습을 떠올리면 저도 모르게 미소가 지어집니다. 아이들은 교사에게 무조건적인 사랑과 신뢰를 표현하고 학교에서는 연예인 못지않은 인기를 얻습니다. 선생님이라는 이유로 순수하고 투명한 사랑을 보내주는 학생들과 사랑에 빠질 수밖에 없습니다. 사랑을 받고 사랑을 주는 직업을 갖고 있다는 것이 참 좋습니다.

　별빛교실에서 반짝이는 학생들을 만나고 함께 시간을 보내며 귀한 인연을 맺을 수 있었음에 감사하고 행복합니다. 서로를 위하고 배려 받았던 기억, 함께라서 즐거웠던 기억, 성취의 순간, 작은 것에도 감사함을 느꼈던 시간들을 바탕으로 더욱 반짝이게 될 학생들의 미래를 상상해 봅니다. 즐겁게 자신의 삶을 살아가다가 언젠가 문득 별빛교실을 떠올렸을 때 우리가 쌓았던 작은 조각들로 미소 지을 수 있으면 학생들을 위해 고민했던 많은 시간들이 충분히 의미 있겠다는 생각이 듭니다.

어린 시절, 힘들고 좌절하던 순간들이 부모님의 사랑으로 반짝이는 기억으로 바뀌었던 적이 참 많습니다. 체육을 워낙 못해서 운동회를 정말 싫어했습니다. 매일 꼴등하는 운동회가 싫었고 부끄러워서 운동회에 비가 오면 좋겠다고 빌 정도였습니다. 운동회가 가까워진 어느 날 책상 위에 편지가 놓여 있었습니다. "달리기 좀 못하면 어때! 우리 딸은 장점이 이렇게나 많은데~" 하는 내용으로 제 장점이 빼곡하게 쓰여 있는 부모님의 편지였습니다. 여전히 달리기는 꼴등이었지만 운동회의 즐거움을 느끼기 시작했습니다. 중학교에 올라오고 첫 학원 시험에서는 낮은 점수를 받았습니다. 점수는 성적표처럼 배부되었고 부모님 서명을 받고 와야 했던 학원이었습니다. 성적과 관련해서 별다른 말을 얹지 않는 부모님이지만 속상한 마음에 직접 주지는 못하고 학원 성적표를 식탁 위에 올려놓았습니다. 다음 날 방에 들어와 보니 책상 위에 성적표가 놓여 있었습니다. '확인을 하지 못했나?' 하며 본 성적표 밑에는 "우리 딸 중학교 올라가서 힘들지?"로 시작하는 편지글이 있었습니다. 씩 웃으며 편지를 읽고 또 읽었습니다. 속상했던 마음은 어느새 '다시 열심히 해야지!' 하는 마음으로 바뀌었습니다.

　어렵고 힘든 마음이 들 때마다 부모님의 따스한 말과 글은 큰 힘이 되었습니다. 언제나 저를 믿어주고 응원해주시던 모습, 매일 집에 들어가고 나갈 때마다 한결같이 반가운 목소리로 반겨주고 오늘도 힘내라며 인사해주는 모습, 다른 사람들에게 선물할 때는 내가 가진 것 중에 가장 좋은 것으로 줘야 한다며 늘 갖고 있는 것들을 기쁘게 나누는 부모님의 다정한 모습들을 눈에 담고 마음에 쌓아왔습니다.

부모님에게 배운 모습들은 고스란히 학생들에게 전해지고 있습니다. 어떠한 상황이라도 학생들을 지지하고 응원합니다. 학생들에게 먼저 반갑게 인사하고 주눅이 든 학생들에게는 괜찮다며 응원해 줍니다. 제가 가진 것들을 학생들과 나누고 싶어서 우리 아이들이 최대한 많은 것들을 배울 수 있도록 늘 고민합니다. 눈에 보이지는 않아도 아이들을 향한 온기와 사랑이 마음에 닿기를 바랍니다.

사랑으로 길러주셔서 받은 사랑을 표현하고 나누는 사람이 되었습니다. 부모님 덕분에 사랑과 행복으로 삶을 채울 수 있음에 감사합니다.

부모님 같은 어른이 되고 싶습니다. 사랑합니다.

2024년 가을,
엄채남·김명희의 딸 **엄주란**

너와 내가 함께
반짝이는 별빛교실

2024년 11월 30일 초판 1쇄 발행

지은이   엄주란
펴낸이   김영훈
편집   김지희
디자인   이은아
편집부   부건영, 김영훈
펴낸곳   한그루
          출판등록 제6510000251002008000003호
          제주특별자치도 제주시 복지로1길 21
          전화 064-723-7580 전송 064-753-7580
          전자우편 onetreebook@daum.net 누리방 onetreebook.com

ISBN 979-11-6867-191-1 (03370)

저작권법에 따라 보호를 받는 저작물이므로 어떤 형태로든
저자 허락과 출판사 동의 없이 무단 전재와 복제를 금합니다.

이 책은 2024년 제주특별자치도교육청 '우리 선생님 책 출판 지원 사업' 공모 선정작입니다.

값 30,000원